한가락 시조집 ㉘

아버지여 어머니여

한가락 모임 지음

도서출판 다운샘

「이 도서의 국립중앙도서관 출판예정도서목록(CIP)은 서지정보유통지원시스템 홈페이지(http://seoji.nl.go.kr)와 국가자료공동목록시스템(http://www.nl.go.kr/kolisnet)에서 이용하실 수 있습니다.
(CIP제어번호: CIP2018012463)

국립중앙도서관 출판예정도서목록(CIP)

아버지여 어머니여

지은이: 한가락 모임. -- 서울 : 다운샘, 2018
p. ; cm. -- (한가락 시조집 ; 28)

권말부록: 歷史探訪講論資料 ; 한가락 찾아간 차례
ISBN 978-89-5817-415-8 04810 : ₩19000
ISBN 978-89-5817-245-1 (세트) 04810

한국 현대 시조[韓國現代時調]

811.36-KDC6
895.715-DDC23
CIP2018012463

책머리에

한가락은 이번에 한가락 28번째 시조집을 출판한다. 한가락이 1990년 처음 경기도 포천의 성이헌 공의 묘소(墓所)를 탐방(探訪)한 것을 시작으로 28년이 흘렀고, 한 달에 한 번씩 탐방에 나서 일 년에 열두 곳을 탐방한 것을 모아 한권씩 책을 출간하여, 이번 호가 그 스물여덟 번째로 이번 호에는 지난해 4월 청주(淸州) 오창(梧倉) 송천서원(松泉書院) 으로부터 지난 3월 의정부(議政府) 노강서원(鷺江書院)까지를 탐방한 기록이 실렸다.

시조(時調)라는 형식의 글이 처음 보이는 것은 여말(麗末)이며, 소위 선비의 노래라 하는데, 시조란 말이 처음 등장 하는 것은 조선 영, 정조시대의 신광수의 석북집 관서악부에 일반시조 배장단은 래자 장안 이세춘[一般時調 配長短은 來自 長安 李世春]이라는 말에서 비롯하였다고 한다.

물론 시조에도 여러 내용들을 담을 수 있지만 우리 한가락이 지금까지 다룬 것은 주로 여말의 충효와 의리, 절개를 지키신 분들을 중심으로 다뤘다고 할 수 있고, 물론 정형시이며 이번 호에는 조선 시대의 인물도 몇 분 탐방하여 그분들의 자취도 살펴보았다.

일반적으로 사람들의 욕심은 잘 살고 싶은 것이겠으나, 잘 사는 게 욕심대로 될 수 있으면 좋겠지만, 그렇게 되기는 하는 것인지, 아마 그리 쉽지는 않을 것이다. 그러나 시조를 배우고 짓고 부르는 것이야말로 잘 사는 법 중에 하나일 것으로 생각한다. 심신도야(心身陶冶)에 더 없이 좋은 기회라 할 수 있으니 말이다. 시조야말로 시서예악(詩書禮樂)의 총아(寵兒)라 할 수 있고, 시조를 가까이 함은 잘 사는 방법 중에 하나라고 할 수 있다.

한가락은 매주 한 번씩 모여 우리 역사를 공부하고, 한 달에 한 번씩 우리 선조들 중 올곧고 바르게 사시다간 분들의 유적(遺蹟)을 찾아다니면서 공부하고, 그분들의 유적을 토대로 시조로 짓고 부르고 있으니, 그야말로 시간을 잘 보낼 수 있는 기회라 할 수 있다. 많은 분들이 참여하여 보람된 계기를 만들어 보면 좋겠다. 90노구에도 불구하고 우리 한가락 지도에 여념이 없으신 중관선생님께 깊이 머리 숙여 감사드리며, 정성스런 작품과 기행문을 내어주신 회원 여러분, 이번 호에도 멋진 그림을 그려주신 이호신 화백님, 그리고 책을 예쁘게 꾸며주신 다운샘 김영환 사장님 고맙습니다.

단기 4351(2018)년 4월 29일

한가락 회원 경 우 수

● 중관(中觀) 최권흥(崔權興) 선생님
06677
서울특별시 서초구 방배천로 62.
204호 동천서숙 (02) 702-2553

▲ 한가락 스물일곱 돌 잔치(4350.4.28)

● 욕천(浴川) 최장호(崔章鎬)
1963년 전남 곡성 생
건강보험심사평가원
(010-8001-6150)

● 노산당(魯山堂) 전향아(全香阿)
강원도 평창 생
한가락 총무(010-5177-8557)

● 갑고(甲皐) 홍영표(洪永杓)
1930년 경기 강화 생
경제학 박사(010-4949-3416)

● 안일당(安一堂) 이원희(李元熙)
1949년 경기 안양 생
동천서숙 총무 (010-2299-4380)

● 설전(雪荃) 임준신(任準臣)
1939년 서울 생
설전화실원장 (010-3722-1888)

● 우인(又仁) 경우수(慶佑秀)
1948년 서울 생
자영업 (010-5225-6135)

● 가산(佳山) 임봉훈(任奉壎)
1931년 경북 상주 생
한글+漢字文化 顧問(010-3854-6322)

● 오남(梧南) 이종관(李鍾寬)
충북 청주 생
(010-3012-7288)

● 서천(抒洊) 조경휘(趙京彙)
1952년 서울생
삼락서실 (010-9101-4990)

벼 리

아버지여 어머니여

324. 송천서원(松泉書院)에서

어머니 오래 오래
온 해를 누리시고

나라님 큰 글씨로
저렇게 기려주서

뉘뉘로 자랑스럽게
우리집안 높았다

최중관

▲ 충효재

▲충효재 앞에서

▲ 충효재 추모 시조비 앞에서

▲효정공 공부를 하며

324. 松泉書院(송천서원)

松泉書院在忠清北道清州市清原區梧倉邑陽地里李孝
송 천 서 원 재 충 청 북 도 청 주 시 청 원 구 오 창 읍 양 지 리 이 효

靖公追慕處也公諱貞幹字固夫全義人也始祖高麗開國
정 공 추 모 처 야 공 휘 정 간 자 고 부 전 의 인 야 시 조 고 려 개 국

功臣太師諱棹高祖諱仟號東巖叟知禮部事中書侍中門
공 신 태 사 휘 도 고 조 휘 천 호 동 암 수 지 예 부 사 중 서 시 중 문

下平章事曾祖諱子華知密直司事選部典書祖諱得榮典
하 평 장 사 증 조 휘 자 화 지 밀 직 사 사 선 부 전 서 조 휘 득 영 전

法摠郎考諱丘直戶曹典書妣貞大夫人樂安金氏判典校
법 총 랑 고 휘 구 직 호 조 전 서 비 정 대 부 인 낙 안 김 씨 판 전 교

寺事仁琯女以高麗恭愍王九年庚子生公幼而穎悟及長
사 사 인 관 녀 이 고 려 공 민 왕 구 년 경 자 생 공 유 이 영 오 급 장

有異質昏定晨省以天孝聞也節節砥行一出於仁義常痛
유 이 질 혼 정 신 성 이 천 효 문 야 절 절 지 행 일 출 어 인 의 상 통

早孤事亡如存餘力功文文亦典雅然不屑屑於擧子業唯
조 고 사 망 여 존 여 력 공 문 문 역 전 아 연 불 설 설 어 거 자 업 유

事大夫人供甘毳以躬不以人承常恐不盡不至朝廷高其
사 대 부 인 공 감 취 이 궁 불 이 인 승 상 공 불 진 불 지 조 정 고 기

行禮徵不起不得已晩年官至觀察使旣而退去于清州松
행 예 징 불 기 부 득 이 만 년 관 지 관 찰 사 기 이 퇴 거 우 청 주 송

泉別墅左右親側怡怡愉愉也世宗聞其孝特賜褒書曰家
천 별 서 좌 우 친 측 이 이 유 유 야 세 종 문 기 효 특 사 포 서 왈 가

傳忠孝世守仁敬仍賜几杖酒樂以寵之又其十六年甲寅
전 충 효 세 수 인 경 잉 사 궤 장 주 악 이 총 지 우 기 십 육 년 갑 인

四月二日特加封壽母貞夫人金氏爲貞大夫人時年一百
사 월 이 일 특 가 봉 수 모 정 부 인 김 씨 위 정 대 부 인 시 년 일 백

公年亦近八十也一時賢士大夫莫不爲之艶榮爭以詩歌
공 년 역 근 팔 십 야 일 시 현 사 대 부 막 불 위 지 염 영 쟁 이 시 가

之今日慶壽集卽其詩集也特母卽平生不向日月便旋子
지 금 일 경 수 집 즉 기 시 집 야 특 모 즉 평 생 불 향 일 월 편 선 자

則救避失之孕獐又放在筐之噞魚噫母有敬天之心子有
즉 구 피 실 지 잉 장 우 방 재 광 지 엄 어 희 모 유 경 천 지 심 자 유

濟物之仁仁者必壽於是母是子信哉配貞敬夫人文氏順
제 물 지 인 인 자 필 수 어 시 모 시 자 신 재 배 정 경 부 인 문 씨 순

平君達漢女有淑德懿行事姑如其母育五男二女士欽士
평 군 달 한 녀 유 숙 덕 의 행 사 고 여 기 모 육 오 남 이 녀 사 흠 사

寬士信士敏士惠許誠許扉也其二十一年冬日卒享年八
관 사 신 사 민 사 혜 허 성 허 비 야 기 이 십 일 년 동 일 졸 향 년 팔

十也諡曰孝靖墓在長湍臨江縣禹勒里辛坐乙向明堂也
십 야 시 왈 효 정 묘 재 장 단 임 강 현 우 륵 리 신 좌 을 향 명 당 야

貞敬夫人文氏祔左焉過從心兮皆悅哉以仁生兮長壽哉
정 경 부 인 문 씨 부 좌 언 과 종 심 혜 개 열 재 이 인 생 혜 장 수 재

賢母誠兮子孝哉祖積德兮孫福哉讚曰
현 모 성 혜 자 효 재 조 적 덕 혜 손 복 재 찬 왈

百五東風花信佳　娘城瓦閣似宸祴
백 오 동 풍 화 신 가　낭 성 와 각 사 신 개

三株杏木長生儼　十丈烏碑至孝哇
삼 주 행 목 장 생 엄　십 장 오 비 지 효 왜

孤子爲親投紱隱　慈闈守道仰天儕
고 자 위 친 투 불 은　자 위 수 도 앙 천 제

八言御筆表彰裏 萬世高門榮譽懷
팔 언 어 필 표 창 리 만 세 고 문 영 예 회

324. 송천서원(松泉書院)

송천서원은 충청북도 청주시 청원구 오창읍 양지리에 있다.

이효정공을 추모하는 곳이다.

공의 휘는 정간이요 자는 고부요 전의사람이다.

시조는 고려 개국공신 태사 휘 도요, 고조의 휘는 천이요 호는 동암수이다.

지예부사중서시중 문하평장사였다.

증조의 휘는 자화요 지밀직사사 선부전서였다.

조의 휘는 득영이요 전법총랑이었다.

고의 휘는 구직이요 호조전서였다.

어머니 정대부인은 낙안김씨로 판전교시사 인관의 딸이다.

고려 공민왕 9년 경자년에 공을 낳았다.

공은 어려서부터 빼어나게 영특하여 자라면서 남다름을 보였다.

아침저녁으로 어머니의 이부자리를 살피니 어려서부터 하늘이 낸 효자라 소문이 났다.

때때로 행동을 가다듬어 한결같이 인과 의에서 나왔다.

항상 일찍이 아버지가 돌아가신 것을 아파하며, 예로 모시는 일에 있어 살아계실 때 같이 했다.

여력이 있을 때에 글공부에 공을 들이니, 문장 또한 법에 맞게 단아하였다.

그러나 과거보는 일을 깨끗이 여기지 않았다.

오직 대부인 섬기는 일에 이바지하며, 달고 연한 음식으로 몸소 맛을 보고 어머니께 드렸고, 다른 사람들에게 시키지 않았다. 항상 정성을 다하지 못할까 두려워했다.

조정에서 그 행실을 높혀 예로써 불렀으나 나가지 않았다.

부득이 만년에 벼슬에 나가 관찰사에 이르러서 얼마 있다가 물러나 청주 송천 별장으로 갔다.

좌우 곁에서 어머니를 모신즉 흐뭇해했다.

세종이 그 효성을 듣고 특별히 글을 내렸다. "家傳忠孝 世守仁敬" 집에서는 충효를 전하고 대대로 인과 공경을 지켜가는 집안이다 라는 글이다.

또 책상과 지팡이, 술과 노래를 내렸으며 총애하였다.

또 그 16년 갑인 4월 2일에 특별히 어머니 정부인 김씨에게 정대부인으로 봉해주시니 그때 나이가 백세이며 공의 나이도 또한 80에 가까웠다. 때에 어진 사대부 벼슬아치들이 영광스럽게 여겨 다투어 시를 지어 노래하였다.

금일 경수집(慶壽集)이 그 시집이다.

특별히 어머니인즉 평생토록 해와 달을 향하여 밝은 곳에서는 소변을 보지 않았다.

아들인즉 화살을 피하는 새끼 밴 노루를 구해주었다. 또 광주리에 걸린 물고기를 풀어놓아 주었다.

아! 어머니는 하늘을 공경하는 마음이 있었고, 아들은 살려주고 놓아주는 어짊이 있었도다.

어진 자는 반드시 오래 산다는 것을 어머니와 아들은 믿었음이로다.

부인은 정경부인 문씨로 순평군 달한의 딸이다. 착하고 덕과 아름다운 행실이 있었으니, 시부모 모시기를 친어머니 같이 모셨다.

5남 2녀를 두었으니 사흠 ,사관, 사신, 사민, 사혜요 사위는 허성과 허비이다.

그 21년 겨울에 돌아가니 향년 80세이다. 시호는 효정이다. 묘소는 장단 임강현 우륵리에 있다. 신좌 을향으로 명당이다.

정경부인 문씨를 왼쪽에 합장하였다.

종심을 지났음이여, 팔십이로다.

어질게 살았음이요, 장수를 누렸도다.

어머니의 어질고 정성스러움이여 아들의 효도로다

조상이 쌓은 덕이여 손자의 복이로다.

기려 노래하노니,

동지가 지난 지 백오일 동쪽바람에 꽃소식이 아름다운데
낭성에 큰 기와집이 대궐 같은 엄숙함이로다.
세 그루 은행나무 오래도록 엄숙함이여
열길 높이의 검은 돌은 지극한 효를 말하는구나.
어려서 아버님을 잃고 어머니를 위하여 인끈을 버렸고
어머니께서도 도를 지켜 하늘을 우러러 짝하였도다.
팔언으로 임금이 써서 내려주신 표창한 글 뜻 속에
만세토록 높은 집안으로 영광과 칭찬을 품고 살아가도다. 전

다른이 먼저 할까
어머니 모시는 일

대궐에 소문나서
임금님 기려주셔

해와 달 밝은 곳에선
매만지던 옷고름

노산당 전향아

나랏님 섬기기를
어버이 모시듯이

새끼 밴 노루 살린
어진 맘 따뜻하다

남아온 귀한 글들이
큰 집안을 빛낸다

안일당 이원희

어머님 이부자리
드시는 먹거리도

다른 이 하지마라
혼자서 살피신 임

임금님 상을 받으니
집안 더욱 밝아져

설전 임준신

옛 부터 쌓은 덕이
뉘뉘로 이어내려

어버이 모시는 맘
하늘 밑 으뜸일세

임금이 내리신 글씨
집안 더욱 빛내네

우인 경우수

忠孝齋 앞마당에
木蓮花 반가워라

둥지 튼 銀杏나무
임금님 八言일세

三德이 따로 있을까
지키리다 來日도

가산 임봉훈

어버이 모심같이
나랏일 보았어라

노루를 살리신 임
넉넉한 어짊이라

남겨진 할배의 글이
더욱 귀한 이은 이

오남 이종관

언덕 위 은행나무
웃어른 글 읽은 터

어머니 잘 모시고
한 삶을 마치었네

뉘뉘로 이어온 섬김
나라님도 기리네

서천 조경휘

松泉書院

안일당 이원희

佳月淸原山野佳 梧倉一瓦若宸祴
가 월 청 원 산 야 가 오 창 일 와 약 신 개

庭前滿發花香醉 墻後鬱蒼老杏哇
정 전 만 발 화 향 취 장 후 울 창 로 행 왜

至孝爲親官職擯 賜書乘閥御醇儕
지 효 위 친 관 진 빈 사 서 승 벌 어 순 제

名家代代綿綿貴 今日京賓讚拜懷
명 가 대 대 면 면 귀 금 일 경 빈 찬 배 회

삼월 청원에 산과들이 아름다운데
오창의 한 기와집이 대궐 같도다.
뜰 앞엔 꽃이 만발해 꽃 향에 취하는데
담장 뒤엔 울창한 늙은 은행나무가 아름답도다.
노모를 위한 지극한 효도로 관직을 물리쳤고
글을 하사받아 가문을 높이고 어주도 짝했도다.
명가로 대대에 이어 내려가는 귀함이요
금일 서울 나그네 기리고 절하며 돌아보도다.

松泉書院

가산 임봉훈

杏馥東風故事佳　築營書院羨望祴
행 복 동 풍 고 사 가　축 영 서 원 선 망 개

梁縣宸筆老翁傚　庭訓親耕韶舞哇
량 현 신 필 노 옹 효　정 훈 친 경 소 무 왜

三德博文仁敬植　八言鴻志孝忠儕
삼 덕 박 문 인 경 식　팔 언 홍 지 효 충 제

擊鐘鼎食松泉氣　梧谷與門恩化懷
격 종 정 식 송 천 기　오 곡 여 문 은 화 회

춘풍에 杏木이 향기 피우니 옛 이야기가 아름답고
개축하고 조영한 서원은 벽돌 깐 길이 부럽도다.
대들보에 달린 임금님 글은 노옹을 본받게 함이고
정훈을 친히 필경하니 音曲은 순임금 노래 춤일세.
삼덕의 학문을 널리 닦고 仁을 공경하며 扶植하니
여덟 글자 말의 큰 뜻은 충효를 함께 함이로다.
종을 치며 鼎食하니 소나무 샘물의 기백이요
오동나무 골 全義 문벌은 가슴속에 품은 恩化로다.

松泉書院

오남 이종관

三月東風春色佳 松泉書院若宸祴
삼 월 동 풍 춘 색 가 송 천 서 원 약 신 개

家傳忠孝萬人詠 世守敬仁千里哇
가 전 충 효 만 인 영 세 수 경 인 천 리 와

累代高臣多有例 八言御筆獨無儕
누 대 고 신 다 유 례 팔 언 어 필 독 무 제

聖霜奉戴懃懃裡 策舞慈闈慰老懷
성 상 봉 대 근 근 리 내 무 자 위 위 노 회

삼월 동풍에 춘색은 아름다운데
송천서원은 신선궁 같구나.
가전 충효는 만인이 읊프고
세수 인경은 천리에 찬양되는도다.
우리나라에 누대 고신은 흔히 있는 일이지만
팔언 어필을 받은 분은 공이 오직 한 분이시다.
간절하게 성훈을 받드는 가운데
어머니 앞에 노래 춤추어 노모의 마음 위로하시는도다.

松泉書院

서천 조경휘

花信乾坤烏曲佳 舟城一院境仙裓
화 신 건 곤 오 곡 가 주 성 일 원 경 선 개

三株杏樹長長默 四壁詩牌讚讚哇
삼 주 행 수 장 장 묵 사 벽 시 패 찬 찬 왜

母德百年終愼獨 子供八十盡誠儕
모 덕 백 년 종 신 독 자 공 팔 십 진 성 제

家傳世守君褒裏 慶壽集彰高閥懷
가 전 세 수 군 포 리 경 수 집 창 고 벌 회

온 세상에 꽃이 만발 까마귀 소리도 아름다운 가운데
청주 한 서원 신선의 경지 같고.
세 그루 은행나무 긴긴 세월 말없이 서있어
서원 사방 벽의 시패는 찬양의 이야기.
어머니의 후덕한 백년은 종신 조심함이요
아들의 팔십 공양은 정성으로 같이 했네.
가전세수 임금의 표창한 글 속에
경수집의 드날림은 높은 집안의 품음이라.

송천서원(松泉書院)에서

세온스물네 번째 한가락 모임
때 : 4350(2017)년 4월 8일, 토요일, 맑음
곳 : 송천서원 - 충청북도 청주시 청원구 오창읍 양지리

檀紀 4350年(2017) 4월 8일이다. 松泉書院을 찾아간다. 按廉使 공(안동金士廉) 觀察使 공(전의 李孝靖) 등 名聲 높은 15先賢을 추모配享하고 있다. 이곳 鷲嶺산 아래 이효정 공을 기리는 忠孝齋가 있다. 齋所는 前全義宗會長인 詩伯 梧南(李鍾寬변호사)文師의 재임 시에 特選良材로 新改 增築한 千年事績의 遺蹟 齋이다. 청주시 清原區 梧倉邑 陽地里이다. 美湖川이 흐르는 錦江의 中流이다.

1000미터 내외의 높은 산과 봉우리로 이어진 小白山脈의 南西쪽으로 자리 잡은 강이다. 報恩, 槐山, 陰城, 鎭川, 清原郡 등에 포진(布陳. 鋪陳)하고 栢谷, 通洞, 遠南, 草坪 貯水池(湖) 등이 있다. '梧倉' '松泉' 등의 명칭이 의미하듯이 豐饒로움과 豐富한 水資源은 이 고장이 자랑하는 富와 평화로움의 源泉이기도하다. 寶光川, 草坪川은 美湖川으르 合流하여 錦江으로 흐른다. 全義門閥은 錦江과 因緣이 깊다. 白頭大幹, 태백산, 소백산맥의 '氣'를 받았음인가. 始祖 高麗開國功臣 太師는 王建太祖가 내려주었다고 전하는 諱 도(棹 : 노 도. 노 저을 도. 책상 탁)公이다. 扶餘 公州 등 강 유역에는 古都에 얽힌 이야기가 있듯이 傳說과 같은 태사공의 숨은 이야기가 있다. 속칭 '後高句麗'의 弓裔시대 마감을 위한 야밤중 密葬이다. 葬儀에 참례하였던 功臣들은 날이 밝기이전에 葬地를 떠났다고 전한다. 노 저을 도(棹)字의 錦江殘影과 政治的 變革, 國政, 人間事는 흥미를 더한다. 漢江도 예외는 아니다.

오늘도 詩伯 文師들은 나들목 漢江을 동서남북에서 오가며 건넌다. 언제나 그렇듯이 紀行者도 아침 햇살을 안고 펼쳐지는 自由路를 달린다. 별빛 여울물결은 은하수같다. 반짝인다. 엷고 희미한 물안개 노을은 幸州山城을 휘감고 길을 가로 막는다. 솔숲 길은 잠시 잠깐이다. 仁川國際空港高速國道 交叉路가 번잡해진다. 山城과 大橋를 등에 지면, 넓은 水平線이 壓倒한다. 漢江에 東風이 불어온다. 부딪치는 물결 파도는 水彩畵를 그리면서 加陽大橋를 건너게 한다. 아름답다. 강변 北路와 남산이 한눈에 들어온다. 강기슭 따라 楊花洞, 汝矣島洞, 鷺梁津으로 거슬러 올라간다.

古來부터 '江河'란 地界, 國境防禦 수단으로 삼기도 하지만 때로는 運搬輸送 뿐 아니라 戀歌戀情의 喜悲, 雙星 雙曲線이 인간의 心性을 울리기도 한다. 西原 金容大 詩友는 20여 년 동안 銅雀대교를 왕래하면서 건널 때마다 자리에서 일어선다. 한강과 동쪽 하늘이 演出하는 붉은 한 폭의 그림에 취하고 감개함이다. 夕陽의 아름다운 물안개와 해무리, 달무리 강변 가로등이 강바닥을 塗色한 風光과 景觀에 사로잡힌다고 한다. 愛看, 愛樂, 愛吟하면서 詩想을 즐긴다고 한다. 감동과 심금을 울려주는 漢江이다.

'漢江! 하면 大韓民國! 코리아. 世界10位 圈內 經濟大國을 演出한다.' 答(답)게 震旦東風은 강바람 되어 너울거리며 춤추고 나부끼듯. 被援助國에서 援助國으로 탈바꿈 하였다. 廢墟와 草家 마을은 사라지고 江邊북로와 올림픽대로의 兩岸에는 最新 高層建物이 櫛比하고 調和를 이룬다. 먼 나라 사람들이 찾고 싶어 하는 나라, 世界屈指의 首都 서울이 여기에 있다. 86아시안게임, 88올림픽 開催, 夏季. 冬季올림픽 등 世界大會를 讚辭 속에 成功的으로 遂行하였다. 世界人들은 놀라고 極讚한다. 이런 것을 일러 堯舜時代라고 했던가? '漢江의奇蹟'이라고 한다.

올림픽대로에서 出口인 梨水 방향으로 우회전한다. 詩伯 文師들은 集合所인 舍堂으로 三三五五 모여든다. 遠近 莫論하고 새벽잠을 놓치는 것은 日常이리라. 따끈한 커피향기에 젖어본다. 歷史探訪 28年 次이고 한가락 28集 첫 달(1회)행사이다. 탐방길 30년을 目前에 두고 있다. 國家의 危亂못지않게 逆境을 겪으면서 오늘에 이르고 있다. 桓檀民族史와 文學史의 '金

字塔' 되리라고 自負하면서 이 길을 걷고 있다. 9시 출발한다. 牛馬車도 다니지 않던, 그 땅 그 길에 車輛洪水로 넘친다. 서울을 빠져나가는데 1시간 가까이 所要하는 것도 茶飯事다. 오늘도 늦어지고 있다. 休憩所에 들어간다. 거른 아침식사, 배를 채워야 할 것이다.

창밖에 싹트는 잎 새들이 손짓을 하여도 새벽잠을 놓친 회원들은 꿈나라다. 고속주행 소음은 자장가가 아니던가! 서울 출발 후 2시간 30분이 흘렀다. 정오가 다가오고 있다. 소란스럽다. 全香阿 총무의 안내방송이다. 旌門 앞에 멎는다. 활짝 핀 木蓮花는 자줏빛과 하얀색 봄옷으로 갈아입고 인사를 한다. 전국에서 오신 문중 여러분이 반갑게 맞이하여 주셨고, 고령이신 96세 塾伯께서 忠孝齋로 인도 하신다. 三門을 들어선다. 우람한 五間 겹집 瓦家이다. 마치 하늘로 날아가는 학처럼 우아하고 신령스럽다. 양 날개와 같은 처마 끝 곡선미에 시선을 고정한다. 氣魄이 넘쳐흐른다. 하늘로 날아간다. 저 넓은 하늘에! 아름답다. 아름답다.

모임을 이끌고 계시는 스승님의 말씀이 기다리고 있다. 실내로 들어갔다. 아름드리 들보(梁) 六梁으로 된 梁棟이다. 튼튼하다. 효정공의 影幀을 모셨고 世宗이 特賜한 褒書(칭찬. 기림 글 : 家傳忠孝世守仁敬)가 걸려있다. 자료기록은 '几杖酒樂(궤장주락)으로 寵之(총지) 하였다'라고 전하고 있다. 공을 기리는 律詩가 가득하다. 선생님께서는 준비된 資料에 따라 熱辯으로 훈도하신다. 오늘이 있기까지의 全義門閥은 愛國崇祖의 바탕이라고 縷縷히 强調하신다. 특히 宗會長으로 20여년 奉事하신 梧南 詩伯의 헌신적 從事를 극찬 하신다. 忠孝齋는 우리가 지켜야할 傳統樣式의 標本이라고 할까. 功課功勞는 梧南 李鍾寬 (전)회장의 結晶物이다. 이와 같이 門中일을 많이 하였다고 하셨다. 孝靖公이 下賜받은 八言을 거울삼으면서 讚詩 唱으로 끝맺음하니 오후2시가 가까워진다.

金剛山도 食後景이라고 하였던가. 門中에서 準備한 食堂으로 가야한다. 三門을 나서니 얽어놓은 까치집 3채(개)가 산들산들 불어오는 봄바람에 흔들리고 있다. 老木 3그루 銀杏나무는 오랜 歲月과 歷史를 말한다. 遺跡碑가 있고 바윗돌 自然石에는 中觀선생님, 梧南선생님, 魯山堂, 友仁의 詩글이 새겨져있다. 곧 '진마촌숯불구이' 집으로 안내한다. 구수한 시골음식 맛을 滿喫하면서 飽滿하였다. 招待하여 주신 문중어른들께 감사말씀 드린다. 史蹟名所를 案內하고 일깨워 주신 스승님과 梧南 塾伯, 魯山堂 全香阿, 雪荃 任準臣, 安一堂 李元熙, 友仁 慶佑秀, 佳山 任奉壎, 瑩奉 吳外銖, 文光 姜윤석, 白牛 裵光俊, 조경휘, 김두식, 全文煥, 노동추, 이재욱 외 많은 宗人들이 참여하였다. 梧南 詩伯의 崇祖思想과 眞正한 愛國之心을 알고 있기에 새겨두고 싶은 말이 있어 添加하고자 한다.

檀紀 4345年(2013) 9월 17일이었다. 當時 92歲 高齡이신 梧南 塾伯과 함께 우리 古土인 東北亞三省(滿洲)의 歷史現場을 탐방하였다. 丹東(新義州 건너편)에서 1박 하고 鴨綠江邊을 거슬러 白頭山까지 往復한 學術探訪길이다. "韓(朝)滿鐵橋와 義州, 千里長城, 威化島, 於赤島, 水豊水庫, 雲峰水庫, 梯子河, 天池"로 이어진다. 오가면서 잊을 수 없는 風光을 보았다. 5일장 같은 시골 장마당이다. 산더미처럼 쌓아놓은 과일더미와 알롱달롱 걸어놓은 옷가지들이 가던 길을 멈추게 하고 호객한다. 시골장터 먹거리도 흥미롭다. 과수나무에는 복숭아와 사과들이 주렁주렁 달려있다. 豊盛하다. 肥沃하다. 廣闊한 大地는 끝없이 펼쳐진다. 펼쳐진 平野는 검푸른 옥수수밭이다. "欲心이 난다. 豐饒롭다. 沃土이다."라고 수없이 되뇐다. "아! 아깝도다. 아깝도다! 아! 우리 땅." 하고 詩伯 梧南선생께서는 吐하신다. 나도 맞장구친다. 노래를 부른다. 물안개가 피어오르는 鴨綠江을 바라보면서 自問自答한다. 같은 寢室에서 함께한 날들이 되살아난다. 日月은 流水와 같다고 하였던가? 漢江, 錦江, 鴨綠江, 松泉書院, 忠孝齋와 震域史를 돌아보았다. 뜻 깊은 하루였다.

佳山　任奉壎　씀.

325. 약포공묘(藥圃公墓)에서

그 때의 할아버지
하시던 엄청남을

그대로 고스란히
오늘에 잇고 이어

저렇게 줄기찬 모습
즈믄 골 해 달리리

최중관

▲ 약포공묘

▲ 약포공묘 앞에서

▲ 약포공 묘비

▲ 약포공 공부를 하며

325. 藥圃公墓(약포공묘)

藥圃公墓在京畿道楊州市南面閑山里公諱海壽字大仲
약 포 공 묘 재 경 기 도 양 주 시 남 면 한 산 리 공 휘 해 수 자 대 중

藥圃雅號也全義人而高麗開國功臣太師棹裔孫名門閥
약 포 아 호 야 전 의 인 이 고 려 개 국 공 신 태 사 도 예 손 명 문 벌

族也高祖諱宏植求禮縣監曾祖諱孟禧光陽縣監祖諱昌
족 야 고 조 휘 굉 식 구 예 현 감 증 조 휘 맹 희 광 양 현 감 조 휘 창

享信川郡守考諱鐸領議政妣贈貞敬夫人龍仁李氏秉節
향 신 천 군 수 고 휘 탁 령 의 정 비 증 정 경 부 인 용 인 이 씨 병 절

校尉宗藩女以朝鮮中宗三十一丙申年正月十四日生公
교 위 종 번 여 이 조 선 중 종 삼 십 일 병 신 년 정 월 십 사 일 생 공

自幼非凡二十及第司馬試二十八文科歷諸內外職流鍾
자 유 비 범 이 십 급 제 사 마 시 이 십 팔 문 과 역 제 내 외 직 류 종

城壬亂後復職宣祖三十二己亥年十一月三日以病卒于
성 임 난 후 복 직 선 조 삼 십 이 기 해 년 십 일 월 삼 일 이 병 졸 우

正寢享六十四也公擧止端重不喜聲色家業淸貧絶無營
정 침 향 육 십 사 야 공 거 지 단 중 불 희 성 색 가 업 청 빈 절 무 영

產親戚故舊莫敢干以私稟性剛正持論和平立朝四十年
산 친 척 고 구 막 감 간 이 사 품 성 강 정 지 논 화 평 립 조 사 십 년

官不過三品以前朝功臣門閥避新祖之高位職之故也行
관 불 과 삼 품 이 전 조 공 신 문 벌 피 신 조 지 고 위 직 지 고 야 행

有餘力則以詩書自娛也今有藥圃遺稿七卷也配東萊鄭
유 여 력 즉 이 시 서 자 오 야 금 유 약 포 유 고 칠 권 야 배 동 래 정

氏監察惟義女育三男勸勵勷也嗚呼蓋史觀有縱橫兮縱
씨 감 찰 유 의 여 육 삼 남 권 려 양 야 오 호 개 사 관 유 종 횡 혜 종

字爲主横客哉藥圃固守縱影兮遠祖足跡全履哉也讚曰
자 위 주 횡 객 재 약 포 고 수 종 영 혜 원 조 족 적 전 이 재 야 찬 왈

孟夏雲飛作冷灰　楊州深谷一奇祴
맹 하 운 비 작 냉 회　양 주 심 곡 일 기 개

雙封制度指遺跡　獨立至誠修盛薹
쌍 봉 제 도 지 유 적　독 립 지 성 수 성 대

高職辭心三品足　前朝功閥萬年財
고 직 사 심 삼 품 족　전 조 공 벌 만 년 재

詩書餘力自娛裏　幽抱慇懃文集侅
시 서 여 력 자 오 리　유 포 은 근 문 집 해

325. 약포공묘(藥圃公墓)

약포공묘는 경기도 양주시 남면 한산리에 있다.

공의 휘는 해수요, 자는 대중이요 약포는 아호이다. 전의 사람이다.

고려 개국공신 태사공 도의 후손으로 이름 있는 문벌의 손이다.

고조의 휘는 굉식이요 구례현감을 지냈고, 증조의 휘는 맹희요 광양 현감을 지냈고 조의 휘는 창형이요 신천군수를 지냈고, 고의 휘는 탁이요 영의정이었다

어머니는 정경부인으로 용인 이씨이다. 병절교위 벼슬을 하던 종번의 딸이다. 조선 중종 31년 병신년 정월 14일에 공을 낳았다.

공은 어려서부터 비범하여, 20세에 사마시에 급제하였다. 28세에 문과를 하여 모든 벼슬을 지내다가 종성땅으로 귀양을 갔다.

임진난이 지난 후에 복직되어 선조 32 기해년 11월 3일에 병으로 집에서 돌아가니 향년 64세였다.

생전 공의 행동거지는 단아하고 무거웠으며, 노래나 여자를 좋아하지 않았다.

청빈의 가업을 이어 절대로 경영이나 생산의 욕심이 없었다.

친척들이 감히 사사로움으로 부탁하지 못했다,

품성이 강직하여 평화를 논하였고, 조정에 선지 40년이 지나도록 벼슬이 3품에 지나지 않았다. 전조의 공신 문벌로써 새조정의 높은 직책을 피하려는 연고인 것이었다. 행함에 여력이 있은즉 시를 읊거나 글을 쓰면서 스스로 즐거움을 삼았다.

지금 약포유고집 7권이 있다. 부인은 동래정씨로 감찰벼슬의 유의의 딸이다. 3남을 두었으니, 권, 려, 양이다.

오호라 대개 역사를 보는 눈은 세로와 가로가 있음이여. 종사관은 주인이요 횡사관은 객이로다.

약포공은 진실로 종사관의 그림자를 지켰고, 먼 조상의 발자취를 온전이 밟아 내려왔도다.

기려 노래하노니,

맹하(음력 4월)에 구름이 날으니 깨끗한 선비를 만들었고
양주골 깊은 곳에 기이한 노랫(우임금)소리가 들리는구나.
쌍봉의 제도가 문화유적으로 지정되었고
홀로 지극한 정성으로 특별히 서서 왕성한 잔디가 갖추어졌도다.
높은 벼슬은 사양하는 마음으로 3품으로 만족하였고
앞 조정의 공신 문별로 만년의 재산을 삼았도다.
남은 여력은 시서로 스스로 즐기는 속에
은근한 회포는 문집 속에 모두 녹아 있도다. 전

대나무 속이 비듯
버리고 높더니만

그 속이 글로 꽉 차
맛있는 노랫말로

한 집안 자랑 되었네
불러보는 한가락

노산당 전향아

묵은 해 할배님들
이룩한 크나큰 일

그대로 온전하게
오늘로 이어내려

그 모습 옹골차게도
골잘해를 뻗으리

갑고 홍영표

솔숲의 눕자리가
아늑해 따뜻하다

누누이 깨끗하게
일러준 큰집이라

바탕이 올곧음이니
이은 이들 어질다

안일당 이원희

버릴 수 있었기에
더 맑은 생각으로

좋은 글 절로 쓰니
따르는 벗들 많아

나달이 지날 수록에
빛이 나는 남긴 글

설전 임준신

옛날의 할아버지
크신 뜻 이어가며

넘치면 덧나는 뜻
어떻게 잊겠는가

실 같이 이어 내려온
닮고 싶은 자췰세

우인 경우수

벼슬을 안 하리라
마음을 비웠으니

붓으로 벗을 삼고
술보단 맑은 차로

웃어른 발자취 찾아
이어가는 즐거움

가산 임봉훈

올곧게 반듯하게
이어온 내 할배를

뒤늦게 뵈옵고서
높이어 절 올리니

뿌듯한 자랑스럼이
벅차온다 이은 이

오남 이종관

옛부터 어진 이름
돌사람 동무하고

타고난 올곧은 맘
맑은 삶 누리면서

글 짓고 쓰기 잘하니
남다르게 보이네

서천 조경휘

藥圃公墓

안일당 이원희

初夏雨來山野灰 見州深谷古墳祴
초 하 우 래 산 야 회 견 주 심 곡 고 분 개

青松繞帶雙封貌 紅草連延陽地臺
청 송 요 대 쌍 봉 모 홍 초 연 연 양 지 대

低仕盡忠難事任 高臣誠孝勉勤財
저 사 진 충 난 사 임 고 신 성 효 면 근 재

餘望清白詩書樂 後日遺傳文集侅
여 망 청 백 시 서 락 후 일 유 전 문 집 해

4월에 비가 오니 산과 들이 회색인데
양주 깊은 고을에 옛 무덤이 있도다.
청송이 빙 둘린 쌍봉의 모양이고
붉은 꽃 이어진 볕바른 명당이로다.
낮은 벼슬로 충성 다해 어려운 일을 해냈고
높은 신하 성효로 부지런함이 재산이로다.
남은 바람은 깨끗이 살며 시서를 즐김이요
후일에 남겨줄 문집을 엮기를 바라노라.

藥圃公墓

가산 임봉훈

春雨見州雲海灰 雷名藥圃老儒祴
춘 우 견 주 운 해 회 뇌 명 약 포 노 유 개

生來流歷自娛命 餘力筆耕嬉樂籉
생 래 유 력 자 오 명 여 력 필 경 희 락 대

遺稿歌書青史庫 志聲吟唱白衣財
유 고 가 서 청 사 고 지 성 음 창 백 의 재

言行擧止絶無散 貧潔家資文集侅
언 행 거 지 절 무 산 빈 결 가 자 문 집 해

봄비 내리는 楊州에 봉우리 섬 雲海가 제빛인데
세상 명성 드날린 藥圃는 陔夏를 노래한 선비로다.
살아오면서 유배와 역직으로 자오 하는 운명인데
여력 필경은 띠 풀집의 즐거움과 기쁨이었도다.
남긴 초고와 시가 서적은 푸른 역사의 보고인데
언지화성으로 음창하니 백의민족의 재물이로다.
말과 행동거지는 조금도 흐트러짐이 없으니
그 집안의 재산은 청렴결백함과 문집이 奏陔로다.

藥圃公墓

오남 이종관

驟雨霏霏心冷灰 閑山深谷讚楊祴
취 우 비 비 심 냉 회 한 산 심 곡 찬 양 개

蒼蒼孤碣衣青蘚 艶艶双封袈綠薹
창 창 고 갈 의 청 선 염 염 쌍 봉 가 녹 대

先祖卓勳應潔白 後孫剛直豈貪財
선 조 탁 훈 응 결 백 후 손 강 직 기 탐 재

煌煌甲族承文閥 至孝雲仍藥圃侅
황 황 갑 족 승 문 벌 지 효 운 잉 약 포 해

소낙비 줄줄 오니 자못 으스스한데
한산리 깊은 골에 찬양노래 울린다.
창창한 고비에 푸른 이끼 빛나고
아름다운 쌍분은 푸른 잔디 입었도다.
선조는 전조 개국공신으로 마땅히 청렴하시었고
후손은 강직하니 어찌 재물을 탐냈겠는가.
빛나는 문벌에 문명(文名)이 이어지는데
지극한 효성의 약포공은 우뚝한 후손이로다.

藥圃公墓

서천 조경휘

芳信繡坡涯石灰 內蘇慇𣲖古賢祴
방 신 수 파 애 석 회 내 소 은 찰 고 현 개

黫然獨砟代燈柱 軟綠雙墳粧幼薹
안 연 독 사 대 등 주 연 록 쌍 분 장 유 대

擧止重端剛稟性 往來清白遠生財
거 지 중 단 강 품 성 왕 래 청 백 원 생 재

勉行餘力詩書裏 藥圃遺文萬歲侅
면 행 여 력 시 서 리 약 포 유 문 만 세 해

꽃소식은 언덕을 수놓듯 물가 돌은 회색
양주에 은근한 물소리는 옛 현인의 노래 소리라.
검은 빛의 비석이 등주를 대신하여 섰고
연록색 두 무덤은 어린 잔디로 덮여있다.
행동은 무겁고 단정하여 강한 품성이요
관직생활은 청백리로 재물 불리기를 멀리했네.
힘써 행한 후 여유 있을 때 시서를 겸하니
약포유고 7권은 만세에 남다르다.

약포공묘(藥圃公墓)에서

세온스물다섯 번째 한가락 모임
때 : 4350(2017)년 5월 13일, 토요일, 흐리고 비
곳 : 약포공묘 - 경기도 양주시 남면 한산리

비가 오시려나 날씨가 흐렸다.

우산부터 챙겨들고, 오늘은 그리 멀지 않은 곳 경기도라 가벼운 마음으로 집을 나서면서 몇 분이나 나오실까 미리 계산을 해보면서, 사당동에 도착하니 선생님께서 미리 나와 계셔서 늦지 않았음에도 불구하고 매우 송구스러워진다.

우리가 타고 갈 미니버스 24인승엔 먼저오신 분들이 벌써 타고 계셨다.

4월 달에 이어서 5월 달에도 오남 선생님의 소개를 받아 전의이씨 문중을 방문하게 되었다.

오늘 일정을 도맡아 안내해주실 문중분이 나오셨는데 너무 점잖으셔서 말씀이 없으시다.

우리는 선생님을 비롯해 갑고, 우인, 설전, 안일당, 오외수, 서정원, 조경휘, 문광, 노산당이니 방문객이 너무 적어 문중 분들에게 송구스런 마음도 생긴다.

그러나 한 사람이 열 사람 몫으로 공부도 더욱 더, 행동도 민첩하게 열심히 하리라 마음먹으면서, 10시에 사당동을 출발하여 11시 50분에 재실에 도착하니, 문중에서 여러분들이 나오셔서 우리를 반가이 맞이해 주신다.

오남 이종관 변호사님께서도 90이 넘으신 연세에도 먼저 재실에 도착해 계셨다.

오남 선생님께선 문중에 대한 애정이 넘쳐, 훌륭하셨던 선조님들의 정신

을 하나라도 놓칠세라 노심초사 늘 읽고 감상하시며 전달하는 목소리는 조심스러워 떨리신다.

이렇게 선조님들을 존경하시는 분이시다.

이런 문중인지라 너무도 바쁜 세상에 이렇듯 많은 분들이 나오셔서 진심으로 환영해주시니 참으로 고맙고도 감사한 마음이 앞선다.

마당가엔 하얀 수국이 두 주먹을 모아 잡은 것만큼이나 큰 송이로 너무나 탐스럽게 피어있어 눈길을 끄는데, 꽃향기가 어찌나 깊고 질던지 한참을 맡았다.

수국의 향까지 한 장 찍어서 카메라에 남겨놓고 재실을 둘러보았다. 재실은 현대식으로 살림집처럼 세면 벽돌로 소박하게 지어져있다.

현판이 걸려있지 않아서 그냥 집처럼 보인다.

재실에 들어가 자료 공부를 하면서 청렴결백을 실천하면서 살아오신 약포공 어르신의 정신을 더욱 의미 있게 듣게 되었다.

친척들의 청탁이나 부탁도 들어주지 않았으며, 높은 벼슬에도 욕심이 없었다고 한다.

행실이 이렇듯 올곧은 선비정신을 배우면서, 자연스레 요즈음 벼슬하는 관리들의 정신세계와 비교해 보게 되었다.

현재 TV 소식통을 열어보면 누구누구 뇌물죄에 연루 되었다는 소식 들뿐인데 이렇듯 맑은 정신의 선비님이 계셨다니 가능한 일일까 놀라움이 생기지만, 이렇게 듣고 배우고 느끼면서 오늘도 큰 수확을 얻었다.

더불어 우리를 이끌어 주시는 중관선생님 까지도 함께 존경하지 않을 수가 없다.

언제나 좋은 자료를 캐내어 들려주시는 우렁찬 목소리는 강의에 몰입하지 않을 수 없다.

약포공에 대한 자세한 설명을 듣고 한시창과 시조창으로 마무리하니 점심시간이 되었다.

문중에서 안내하시는 '동동갈비집'에서 갈비탕으로 점심을 맛있게 먹었다.

선비정신을 가슴 가득 담아 싣고나니 다시 서울로 올라가야 하는 길 15시이다.

날씨가 흐리더니 드디어 비가 내리기 시작한다.

촉촉한 빗방울은 약포공의 반가운 눈물이러니 생각하면서 전의이씨 문중의 무궁한 발전을 기원하면서 오늘 역사탐방은 마무리 되었다.

노산당 전향아 씀.

326. 오산공묘(五山公墓)에서

저 쪽의 즈믄 글자
가락이 어떻더냐

내 이제 목을 골라
새 노래 부르련다

두 귀를 씻고들 와라
고기 맛을 잊으리

최중관

▲ 오산공묘

▲ 오산공묘 앞에서

▲ 오산공 설명을 들으며

▲ 오산공묘에 올라

326. 五山公墓(오산공묘)

五山公墓在京畿道果川市文原洞坤坐之原也公諱天輅
오 산 공 묘 재 경 기 도 과 천 시 문 원 동 곤 좌 지 원 야 공 휘 천 로

字復元延安車氏也號五山蘭嵎橘室淸妙居士曾祖諱繼
자 복 원 연 안 차 씨 야 호 오 산 난 우 귤 실 청 묘 거 사 증 조 휘 계

成護軍祖諱廣運敎授考諱軾判官贈禮曹參判妣貞夫人
성 호 군 조 휘 광 운 교 수 고 휘 식 판 관 증 예 조 참 판 비 정 부 인

牙山李氏縣監繼元女以朝鮮明宗十一丙辰年十一月五
아 산 이 씨 현 감 계 원 녀 이 조 선 명 종 십 일 병 진 년 십 일 월 오

日生公于開城第也自幼卓越甫四歲能知文字五歲讀庸
일 생 공 우 개 성 제 야 자 유 탁 월 보 사 세 능 지 문 자 오 세 독 용

學人稱神童論孟三經無不通達及長登科後至於詩文吟
학 인 칭 신 동 논 맹 삼 경 무 불 통 달 급 장 등 과 후 지 어 시 문 음

唱若九龍瀑布瀉出然又若決黃河水堡然也行奉常寺正
창 약 구 용 폭 포 사 출 연 우 약 결 황 하 수 보 연 야 행 봉 상 시 정

出宰通川從黃允吉同使日本明使朱之蕃來朝月沙李廷
출 재 통 천 종 황 윤 길 동 사 일 본 명 사 주 지 번 래 조 월 사 이 정

龜爲延慰使公爲製述官石峰韓公濩爲寫字官明使請製
구 위 연 위 사 공 위 제 술 관 석 봉 한 공 호 위 사 자 관 명 사 청 제

壬亂懷古詩百韻月沙曰唯五山可以當之公曰若設旨酒
임 난 회 고 시 백 운 월 사 왈 유 오 산 가 이 당 지 공 왈 약 설 지 주

一樽大屛一坐則非難云公飮樽酒入屛內唱成百韻由是
일 준 대 병 일 좌 즉 비 난 운 공 음 준 주 입 병 내 창 성 백 운 유 시

我國文章大振天下李提督如松歸也贈詩百韻亦白沙之
아 국 문 장 대 진 천 하 이 제 독 여 송 귀 야 증 시 백 운 역 백 사 지

勸以五山吟也提督賜金銀十斤正廟朝謚文肅命不祧廟
권 이 오 산 음 야 제 독 사 금 은 십 근 정 묘 조 시 문 숙 명 불 조 묘

又使領相蔡濟恭大提學洪良浩搜輯公三世文稿四卷自
우 사 령 상 채 제 공 대 제 학 홍 양 호 수 집 공 삼 세 문 고 사 권 자

內閣刊頒至今五山集江村別曲行于世也世人稱松都三
내 각 간 반 지 금 오 산 집 강 촌 별 곡 행 우 세 야 세 인 칭 송 도 삼

絶卽詩五山文簡易書石峰也光海七年乙卯卒享六十也
절 즉 시 오 산 문 간 이 서 석 봉 야 광 해 칠 년 을 묘 졸 향 육 십 야

配全州李氏正俌女育七男幽宮在夫君階下艮向麗制方
배 전 주 이 씨 정 보 녀 육 칠 남 유 궁 재 부 군 계 하 간 향 여 제 방

墳也嗚呼麗代功臣門閥兮松都故鄕舊情哉雲巖節臣後
분 야 오 호 여 대 공 신 문 벌 혜 송 도 고 향 구 정 재 운 암 절 신 후

孫兮松麻原事豈忘哉高位官職忌避兮探景吟風自娛哉
손 혜 송 마 원 사 개 망 재 고 위 관 직 기 피 혜 탐 경 음 풍 자 오 재

五山三十八歲兮破倭賊露布文哉一夜百首都合兮六百
오 산 삼 십 팔 세 혜 파 왜 적 로 포 문 재 일 야 백 수 도 합 혜 육 백

韻之詩文哉不世出之英才兮李都督之感嘆哉頤齋五山
운 지 시 문 재 불 세 출 지 영 재 혜 이 도 독 지 감 탄 재 이 재 오 산

滄洲兮三父子之文章哉驚歎耳讚曰
창 주 혜 삼 부 자 지 문 장 재 경 탄 이 찬 왈

盛夏吟才是孰眞　淸溪西麓五山詢
성 하 음 재 시 숙 진　청 계 서 록 오 산 순

來龍艮向歸鄕夢　配位宮形故國諲
래 룡 간 향 귀 향 몽　배 위 궁 형 고 국 인

百韻大詩明士試　二沙薦客翌朝呻
백 운 대 시 명 사 시　이 사 천 객 익 조 신

松都三絶非徒讚　不許追從唯一人
송 도 삼 절 비 도 찬　불 허 추 종 유 일 인

326. 오산공묘(五山公墓)

오산공묘는 경기도 과천시 문원동 곤좌(서남쪽)의 언덕에 있다.

공의 휘는 천로요 자는 복원이며 연안차씨이다.

호는 오산이요, 난우요, 귤실이요, 청묘거사이다.

증조의 휘는 계성이요 벼슬은 호군이었다. 조의 휘는 광운이요 벼슬은 교수이다.

고의 휘는 식이요 판관이었다. 뒤에 예조참판으로 증직되었다.

어머니 정부인은 오산이씨이다. 현감 계원의 딸이다.

조선 명종 11년 병진년 11월 15일에 공을 낳았다.

공은 개성집에서 태어났다. 어려서부터 탁월하여 겨우 4세에 능히 문자를 알았고 5세에 중용 대학을 읽었다. 사람들이 칭하기를 신동이다 하였다.

논어 맹자 삼경은 통달하지 않은 것이 없었다. 자라면서 과거에 올랐고 뒤에 시문을 읊음에 이르러서는 구룡폭포가 쏟아 떨어지는 것 같았고, 또 황하수를 막았다 터놓은 것 같이 읊었다. 벼슬은 봉상시정을 지냈다.

통천군수에 나아가 황윤길과 함께 일본 사신으로 갔다. 명나라 사신 주지번이 와서 조선에 월사 이정구가 연위사가 되고, 공이 제술관이 되었고 석봉 한공이 사자관이 되었는데, 명나라 사신이 일백 개의 운자를 주면서 임난회고시 짓기를 청하였다.

월사가 말하기를, "오직 오산이면 감당할 수 있겠다." 하다.

공이 말하기를, "만약 임금님 뜻으로 내리는 술 한 동이와 큰 병풍을 설치해 준다면 어렵지 않게 할 수 있다."라고 했다.

공이 동이의 술을 마시고 병풍 안으로 들어가서 읊으니 백운이 완성되었다.

이로부터 우리나라의 문장이 크게 천하에 떨쳤다.

이제독 여송이 돌아갈 때에 월사(이항복)의 부탁으로 시 백운을 또 지어 읊어주었더니,

재독이 금과 은 열 근을 주었다.

정묘 조에 문숙공의 시호를 받았고, 사당을 지어서 제사를 그치지 않게 하라 하다.

또 영상 채제공과 대제학 홍양호를 불러서 (수집) 삼부자의 원고를 모아 문고 4권으로 만들어 주었다. 내각으로부터 발간하였다. 지금 오산집과 강촌별곡이 전해지고 있다.

세상 사람들이 칭하기를. "송도삼절은 즉 시에 차오산이요, 문에는 최간이이요 글씨는 한석봉이다." 하다.

광해 7년 을묘에 돌아가니 향년 60세였다. 부인은 전주이씨로 정보의 딸이다.

7남을 두었다. 부인의 산소는 부군 산소 계단 아래 간향(동북)쪽에 고려제도로 방분으로 되어 있다.

아! 고려시대의 공신으로 이룩된 큰 집안이여.

송도의 옛 고향을 그리워하는 정이로구나.

절신 운암공의 후손이여 송마원의 일을 어찌 잊겠느냐.

높은 벼슬을 꺼리고 피함이여, 경치 좋은 곳에서 시나 읊으며 스스로 즐겼도다.

오산이 38세 때여 왜적을 물리친 노포문을 지었도다.

하룻밤에 백수의 운를 읊음이여, 모두 합해 육백 운의 시문을 지었도다.

세상에 나올 수 없는 천재여, 이여송 도독이 감탄하였도다.

이제, 오산, 창주여, 삼부자의 문장이로다. 아! 감탄할 뿐이로다.

기려 노래하노니,

한여름 시를 읊는 재주 이 누가 진짜인고
청계산 서쪽 기슭 오산에게 물어보시오.
용이 내려오는 간향은 고향을 그리워하는 꿈이요
부인의 산소 자리는 고려를 공경함이로다.
백개 운으로 대 시인을 시험하는 명나라여
월사와 백사가 추천하니 다음날 아침 읊어주었도다.
송도삼절이라 칭찬할 뿐만 아니요
뒤따름을 허락하지 않는 오직 한 사람뿐이로다. [전]

대나무 텅 빈 마디
큰 땅의 작은 그릇

뚝뚝물 바위구멍
술빛은 맑은 소리

떡하니 버티고 있는
다섯 뫼의 물올림

욕천 최장호

네 살에 옹알옹알
글 읽는 귀여운 입

하룻밤 읊은 온 수
커진 눈 벌어진 입

술 한통 입에 넣으면
나도 그리 되려나

노산당 전향아

글 언덕 다섯 뫼라
이저쪽 마음대로

가락에 글재주를
당할이 뉘 있으랴

오늘은 새손들 맞아
긴 노래로 잔치해

갑고 홍영표

하룻밤 한끝소리
동이술 밤새 읊어

즈믄 글 지어내니
저들이 놀랐단다

눕자리 옛 모습으로
깊은 뜻을 알거라

안일당 이원희

말보다 글을 배워
스치면 시가 되어

끝말만 들려주면
모두들 깜짝 놀라

하룻밤 백수를 쓰니
꿈이런가 하노라

설전 임준신

빛나는 집안 자취
뻐대는 그대로고

하늘이 내린 재주
그 짝을 누가 하랴

저 나라 무리 높은이
입 벌리고 못닫네

우인 경우수

이틀 밤 百韻시에
나타난 참 모습은

술 한독 벗을 삼고
샅샅이 들어냈다

돌아간 먼 나라 장수
어리둥절 하더라

가산 임봉훈

한온의 끝소리로
읊었다 즈믄의 글

한밤에 동이술과
거뜬히 해냈단다

놀라는 저들 모습에
가슴속이 시원타

오남 이종관

짓기를 뉘 따를 손
오래히 남긴 이름

읊기에 얼씨구나
손에 든 부채 깨져

소리는 먼 나라까지
드높도다 오산공

서천 조경휘

五山公墓

안일당 이원희

雨後果川淑氣眞 西皐名墓五山詢
우 후 과 천 숙 기 진 서 고 명 묘 오 산 순

青苔碑碣麗都戀 烏鵲迎歌京客諲
청 태 비 갈 려 도 련 오 작 영 가 경 객 인

百韻老翁和唱詠 一家父子絶詩呻
백 운 노 옹 화 창 영 일 가 부 자 절 시 신

會員驚歎無言吸 有史以來唯獨人
회 원 경 탄 무 언 흡 유 사 이 래 유 독 인

비온뒤 과천은 맑은 기운이 참인데
서쪽언덕 이름난 묘가 오산묘냐 묻는도다.
푸른 이끼의 비석은 고려를 그리워하고
검은 까치 반기는 노래 경빈을 공경함이로다.
백운을 노옹은 마치 노래하듯 읊었고
한집안 부자는 빼어난 시를 지었도다.
회원들이 경탄하여 말없이 숨만 들이쉬는데
유사 이래로 오직 차옹만이 홀로로다.

五山公墓

가산 임봉훈

之律音階探考眞 栗園史裏五山詢
지율음계탐고진 율원사리오산순

陰苔北穴傳稱彩 紫氣東來古事諲
음태북혈전칭채 자기동래고사인

百韻陽吟時限覺 七言名作日當呻
백운양음시한각 칠언명작일당신

如松大震還途答 詩伯無雙君子人
여송대진환도답 시백무쌍군자인

音階之律呂와 詩想의 眞相을 더듬어 고찰하니
堅實한 栗園에서 오랜 역사 속의 五山公을 찾았네.
푸른 이끼의 북향 方墳을 일컬어 전함이 異彩롭고
자주빛 瑞氣가 동쪽에서 떠오름을 공경함이로다.
制限된 시간에 陽字百韻 吟唱하여 놀라게 하는데
七言名詩(百首) 지어 當日 하루 이틀 만에 읊조렸네.
如松은 크게 놀랐고 돌아가는 고향 길에 酬答하니
둘도 없는 詩伯으로 일컫고 군자들의 사표로다.

五山公墓

오남 이종관

震域誰爲吟藝眞 五山不語對其詢
진 역 수 위 음 예 진 오 산 불 어 대 기 순

嶺風颯颯墳沿遜 松籟滔滔墓下諲
영 풍 삽 삽 분 연 손 송 뢰 도 도 묘 하 인

兩士驗施詩百韻 二沙薦擧答孤呻
양 사 험 시 시 백 운 이 사 천 거 답 고 신

追從不許聞三絶 詞界蘭嵎第一人
추 종 불 허 문 삼 절 사 계 난 우 제 일 인

동국에서 누가 시 짓는 재간이 출중하다 할까
난우는 그 물음에 말이 없구려.
영풍은 살랑 불어 무덤 언저리로 지나가고
솔바람은 끊임없이 묘하에 공손하도다.
두 사람이 시험으로 시 백 수 지어보라 하니
월사와 백사의 천거로 홀로 대답하였도다.
추종 불허하는 삼절로 소문이 났고
사문계에 오산공은 제 일인자이로다.

五山公墓

서천 조경휘

葉翠方濃誰飾眞 清溪西麓一塋詢
엽 취 방 농 수 식 진 청 계 서 록 일 영 순

高居更造神遙達 低坐護持心故諲
고 거 경 조 신 요 달 저 좌 호 지 심 고 인

使到願詩明旦作 手中扇破未終呻
사 도 원 시 명 단 작 수 중 선 파 미 종 신

世稱才俊揮毫氣 抆睫索邊無偶人
세 칭 재 준 휘 호 기 문 첩 색 변 무 우 인

푸르름 더욱 짙어지는데 누가 참됨을 꾸밀까
청계산 서쪽언덕에 한 무덤.
높은 곳에 다시 조성한 곳 정신이 훤히 트이고
낮은 곳엔 그대로 옛 것을 공경한 듯.
사신이 도착 시 다음 날 아침까지 읽기를 원하니
다 읊기 전 손의 부채는 파손.
세칭 호기를 휘두르는 준재라 하니
눈을 비비고 주변을 찾아봐도 짝할 사람 없네.

오산공묘(五山公墓)에서

세온스물여섯 번째 한가락 모임
때 : 4350(2017)년 6월 10일, 토요일, 맑음
곳 : 오산공묘 - 경기도 과천시 문원동

오늘은 한가락 역사탐방 삼백스물여섯 번째 경기도 과천(果川)에 있는 연안(延安) 차천로(車天輅) 공(公)의 유적(遺跡)을 찾아 가는 날이다. 요즈음 우리나라 날씨는 며칠 전 망종(亡種)이 지나고 한창 모내기를 해야 할 때인데 날씨가 너무 가물어 걱정들이 많다.

오늘은 목적지가 가까워 과천역(果川驛)에서 10시에 만나기로 하였다. 여유 있게 만남 장소에 나아가니 선생님은 예의 그 하얀 두루마기를 맵시 있게 차려 입으시고 나와 계셨고, 설전을 비롯하여 가산, 서정원 님, 문광, 초계 님 등 대부분의 회원들이 대합실에 모여 이야기를 나누고 있고, 이어 몇몇 회원들이 더 오고 우리는 밖으로 나와 과천 2번 마을버스를 타고 몇 정거장 더 앞으로 가다 내려, 마을길을 따라 오르다 산 입구에 도착했다. 산을 조금 올라가니 길목이 줄로 막혀 있어, 줄을 제치고 조금 더 올라가니 반대편에서 올라오는 길이 있고, 거기서 오른쪽으로 조금 올라가니 아래위로 두 분묘(墳墓)가 나타난다.

산록(山麓)은 6월 초순(初旬)이라 초목(草木)이 푸르고, 아직 시간이 일러 풀에는 이슬이 남아 있다. 우리는 야트막한 언덕을 올라 묘소(墓所)를 둘러보았다. 공(公)의 묘소(墓所)는 원분(圓墳)으로 곤좌간향(坤坐艮向)으로 배위(配位)와 위 아래로 나뉘어져 있다. 공의 묘소는 실전하여 오래도록 모르고 지냈는데, 자유당 정부 이 박사 시절 경무대에서 근무하던 문중 분이 공(公)의 묘소(墓所)가 청계산(淸溪山) 서록(西麓)에 있다고 전(傳)해오는 이

야기를 듣고, 이 지역(地域)을 면밀히 살펴 찾았다는 것이다. 그런데 공의 묘(墓)는 새로 사초(莎草)를 하면서 원분(圓墳)으로 모셔져 있고, 문인석만 옛 모습으로 남아 있으며, 나머지는 모두 조선조 모습으로 가운데 상석(床石)이 있고 오른쪽에는 비갈이 있는데, 네모난 받침대 위에 머리는 이무기의 형상(形狀)의 오석(烏石) 비신(碑身)으로, 비갈(碑碣)에는 '오산연안차공천로지묘(五山延安車公天輅之墓)'라 해서(楷書)로 반듯하게 새겨져 있다. 왼쪽에는 장명등(長明燈)이, 좌우(左右)에는 촛대석이 서 있고, 난간(欄干)과 계단(階段)이 잘 조성(造成)되어 있었으며, 배위(配位)는 옛 모습대로 방분(方墳)으로 모셔져 있었다.

우리나라 대체의 산세(山勢)는 백두산(白頭山)으로부터 태백산맥(太白山脈)을 타고 흘러내려와 산줄기 물줄기가 서남으로 흐르는 게 보통의 지세(地勢)인데, 공(公)의 묘소(墓所)는 서남(西南)에서 동북(東北)을 향(向)하고 있으니, 아마도 공(公)은 죽어서라도 옛 서울 개성(開城)을 바라다보아야겠다는 것이 공(公)의 생각이 아니었냐는 게 선생님의 설명이다.

우리는 배(拜)로 공(公)에 대한 예(禮)를 올리고 묘소(墓所) 앞에서 기념촬영을 하고 내려와 이 동네 음식점 현풍 가든으로 자리를 옮겨 공에 대한 공부를 하였다.

공(公)의 본관(本貫)은 연안(延安)으로 자는 복원(復元), 호는 오산(五山)·귤실(橘室)·청묘거사(淸妙居士)이며, 송도(松都)에서 아버지 식(軾)과 어머니는 아산(牙山) 이공(李公) 현감(縣監) 계원(繼元)의 따님 사이에서 낳았으며, 고려 간의대부(諫議大夫) 원부(原頫)의 6대손으로 계성(繼成)의 증손이며 할아버지는 광운(廣運)이며, 서경덕(徐敬德)의 문인이었다. 어려서부터 남 달리 탁월(卓越)해 4세에 이미 글을 알았으며, 5세에 중용(中庸) 대학(大學)을 읽어, 때의 사람들이 신동(神童)이라 일컬었으며, 논어(論語) 맹자(孟子) 시경(詩經) 서경(書經) 주역(周易)에 통달(通達)하고, 과거에 급제(及第)한 후 시문(詩文)을 읊는 게 폭포의 물이 떨어지는 듯 하며, 강물의 보(堡)를 터놓은 것 같다고 하였다. 안에서는 내직(內職)으로 봉상시정(奉常寺正) 을 하고 밖으로 나아가 외직(外職)으로는 통천군수(通川郡守)를 하였으며, 통

신사(通信士) 황윤길(黃允吉)을 따라 일본을 다녀왔으며, 한호(韓濩)·권필(權韠)·김현성(金玄成)과 더불어 서격사한(書檄詞翰)이라 불리었다고 한다. 특히 시(詩)에 능(能)해 한호(韓濩)의 글씨, 최립(崔岦)의 문장과 함께 '송도삼절(松都三絶)'이라 일컬어졌으며, 아버지 식(軾), 아우 운로(雲輅)와 함께 세인(世人)이 '3소(三蘇)'라 불렸다고 하며, 때에 명(明)나라 유명시인 주지번(朱之蕃)이 내조(來朝)하여 월사(月沙) 이정구(李廷龜)가 연위사(延慰使)가 되고 공(公)이 제술관(製述官)이 되고, 석봉(石峰) 한공(韓公) 호(濩)가 사자관(寫字官)이 되어, 임란(壬亂) 후 회고시(懷古詩) 백운(百韻)을 청(請)함에 월사(月沙)가 말하기를, 오직 오산(五山)이라야 가히 감당(勘當) 할 것이라 함에, 공(公)이 술 한 동이와 큰 병풍(屛風) 하나를 세울 것을 청(請)하고, 술 한 동이를 마시고 병풍 안으로 들어가 시(詩) 백운(百韻)을 불러 이루니, 이로서 우리나라의 문장(文章)이 천하(天下)에 크게 떨쳤으며, 명(明)나라 장수 이여송(李如松)이 돌아갈 때, 이백사(李白沙) 공이 공(公)에게 권(權)함에, 또한 시(詩) 백운(百韻)을 지어주니 이여송이 금은(金銀) 10근(斤)을 주었다고 전(傳)하며, 그 후(後) 정묘조(正廟朝)에 정조(正祖)가 과천(果川)을 지날 때에 이곳 근처에서 머물렀는데 주변에서 공(公)의 이야기를 하는 이가 있어, 정조(正祖)가 듣고 문숙(文肅)이라는 시호(諡號)를 내리고, 제사(祭祀)가 그치지 않게 일렀다고 하며, 영상(領相) 채제공(蔡濟恭)과 대제학(大提學) 홍양호(洪良浩)로 하여금 공(公)의 삼세(三世)의 글을 모아 내각(內閣)에서 발간(發刊)케 하니, 지금 오산집(五山集)과 강촌별곡(江村別曲)이 세상(世上)에 있게 된 연유(緣由)라고 한다. 자료 끝에 붙인 찬시(讚詩)와 시조(時調)의 해설(解說)과 창(唱)으로 공부는 끝났다. 강의가 끝나고, 선생님께서 문중에 혹시 빠진 부분이나 보충(補充)할 것이 있느냐는 질문에 문중에서는 그런 것은 없다며, 오히려 자료도 자료지만 뒷부분의 찬시(讚詩)에 아주 감탄(感歎)해 마지않았다.

공부가 끝나고, 이내 점심시간이 되었다. 점심은 이집의 육개장과 보신탕을 기호대로 주문 받아 차려 내와 맛있게 점심식사를 하였다. 문중에서는 차형수(車亨洙) 회장(會長)님과 차상찬(車相贊) 총무이사(總務理事)님 차

영관(車榮觀) 제례위원장(祭禮委員長)님이 나와 함께 공부를 하여 자리가 더욱 빛났다. 거기다 더해서 점심까지 대접을 받았으니 이런 황송할 때가 어디 있겠나. 오늘 행사는 이것으로 끝나고 차를 한잔씩 마시고 우리는 자리에서 일어났다. 그리고 이 식당에서 차를 내어 과천역까지 태워다주어 우리는 과천역에서 서로 헤어졌다. 보통 때에는 갑고, 서봉 선생님과 함께 귀가 하였는데 요즈음은 두 분 모두 몸이 불편하여 참석하지 못하신다. 집으로 가는 전철 안에서 가만히 혼자 요즈음 세태를 생각하니 사회의 앞장선 사람들의 말이 너무 과하다는 생각이 든다. 내가 하면 로멘스 남이 하면 불륜, 소위 내로남불 말도 잘 지어낸다. 물론 세상사는 데는 시비가 분분하고 이해가 상충하니 예나 지금이나 어지러운 것은 매 한 가지이겠지만, 역지사지(易地思之)하고 한번쯤 돌아보면 단번에 알 수 있고 더 멀리 볼 수 있을 터인데, 안타까운 생각 지울 수가 없다.

논어옹야(論語雍也) 편(篇)에 '질문승즉야 문승질즉사 문질빈빈 연후군자(質勝文則野, 文勝質則史. 文質彬彬, 然後君子)'라는 구절이 있는데, 풀이해보면 '바탕이 겉꾸밈보다 두드러지면 야(野)하고, 겉꾸밈이 바탕을 누르면 간사(奸邪)하고, 바탕과 겉꾸밈이 잘 어울려야 비로소 군자(君子)니라' 하는 소리인데, 한번 새겨볼만 한 말이 아닌가 하는 생각이 든다.

우인 경우수 씀.

327. 금산사(金山祠)에서

스무 달 그래 두 배
어머니 주신 힘아

넉넉한 꾀도 있어
겨루면 진 적 없어

오늘은 가만히 보자
어디부터 손댈까

최중관

▲금산사

▲금산사 앞에서

▲ 금산사 중건비

▲흥무대왕 공부를 하며

327. 金山祠(금산사)

金山祠在京畿道華城市八灘面昌谷里興武大王追慕處
금 산 사 재 경 기 도 화 성 시 팔 탄 면 창 곡 리 흥 무 대 왕 추 모 처

也大王諱庾信金海人伽倻國金首露王十二代孫祖諱武
야 대 왕 휘 유 신 김 해 인 가 야 국 김 수 로 왕 십 이 대 손 조 휘 무

力角干考諱舒玄蘇判大梁州都督妣萬明以新羅眞平王
력 각 간 고 휘 서 현 소 판 대 양 주 도 독 비 만 명 이 신 라 진 평 왕

十七乙卯年生大王也禀精七曜故背有七星文庚辰之夜
십 칠 을 묘 년 생 대 왕 야 품 정 칠 요 고 배 유 칠 성 문 경 진 지 야

舒玄夢熒惑鎭二星降於己亦萬明以辛丑之夜夢見童子
서 현 몽 형 혹 진 이 성 강 어 기 역 만 명 이 신 축 지 야 몽 견 동 자

衣金甲乘雲入堂尋而有娠二十月而生庾信也年十五爲
의 금 갑 승 운 입 당 심 이 유 신 이 십 월 이 생 유 신 야 년 십 오 위

花郎號龍華香徒年十七獨行入中嶽石堀齋戒告天盟誓
화 랑 호 용 화 향 도 년 십 칠 독 행 입 중 악 석 굴 재 계 고 천 맹 서

曰敵國無道爲豺虎以擾我封場無寧日僕是一介微臣志
왈 적 국 무 도 위 시 호 이 요 아 봉 장 무 령 일 복 시 일 개 미 신 지

淸禍亂惟天降監假手於我忽有一老人來曰貴少年有幷
청 화 란 유 천 강 감 가 수 어 아 홀 유 일 노 인 래 왈 귀 소 년 유 병

三國之心不亦壯乎乃授以秘法無言而去唯山上有光爛
삼 국 지 심 불 역 장 호 내 수 이 비 법 무 언 이 거 유 산 상 유 광 란

然若五色焉庾信爲押梁州軍主爲蘇判爲上將軍大克百
연 약 오 색 언 유 신 위 압 량 주 군 주 위 소 판 위 상 장 군 대 극 백

濟七城東擊西征過家不入門也年六十眞德大王夢無嗣
제 칠 성 동 격 서 정 과 가 불 입 문 야 년 육 십 진 덕 대 왕 몽 무 사

與宰相謀迎春秋卽位爲太宗大王太宗七年庚申夏六月
여 재 상 모 영 춘 추 즉 위 위 태 종 대 왕 태 종 칠 년 경 신 하 육 월

與唐兵滅百濟年六十七文武王元年十二月高句麗出陣
여 당 병 멸 백 제 연 육 십 칠 문 무 왕 원 년 십 이 월 고 구 려 출 진

文武王八年旣與唐李勣將軍破平壤還到授太大舒發翰
문 무 왕 팔 년 기 여 당 이 적 장 군 파 평 양 환 도 수 태 대 서 발 한

之職食邑五百戶仍賜輿杖上殿不趨其諸寮佐各賜位一
지 직 식 읍 오 백 호 잉 사 여 장 상 전 불 추 기 제 료 좌 각 사 위 일

級文武大王十三年春妖星見地震至秋七月一日薨于私
급 문 무 대 왕 십 삼 년 춘 요 성 견 지 진 지 추 칠 월 일 일 훙 우 사

第享年七十九大王聞訃震慟贈賻彩帛一千匹租二千石
제 향 년 칠 십 구 대 왕 문 부 진 통 증 부 채 백 일 천 필 조 이 천 석

以供喪事給軍樂鼓吹一百人出葬于金山原命有司立碑
이 공 상 사 급 군 락 고 취 일 백 인 출 장 우 금 산 원 명 유 사 립 비

以紀功名妻智炤夫人太宗大王第三女也生五男三光元
이 기 공 명 처 지 소 부 인 태 종 대 왕 제 삼 녀 야 생 오 남 삼 광 원

述元貞長耳元望庶子一軍勝女四人也後智炤夫人落髮
술 원 정 장 이 원 망 서 자 일 군 승 녀 사 인 야 후 지 소 부 인 낙 발

時大王謂夫人曰此皆角干賜也讚曰
시 대 왕 위 부 인 왈 차 개 각 간 사 야 찬 왈

小暑山河灃綠文　華城昌谷一祠賁
소 서 산 하 풍 록 문　화 성 창 곡 일 사 분

瓦家礎石緣倉址　垣帀松風呼將軍
와 가 초 석 연 창 지　원 잡 송 풍 호 장 군

麗濟併呑三國合　羅唐連結千年馧
여 제 병 탄 삼 국 합　나 당 연 결 천 년 온

昔時功烈無雙裏　今日誰成彼大欣
석 시 공 렬 무 쌍 리　금 일 수 성 피 대 흔

327. 금산사(金山祠)

금산사는 경기도 화성시 팔탄면 창곡리에 있다. 홍무대왕을 추모하는 곳이다.

대왕의 휘는 유신이요, 김해사람이다. 가야국의 김수로왕 12대손이다.

조의 휘는 무력이요, 각간이었다.

고의 휘는 서현이요, 소판이다. 또 대량주 도독이었다.

어머니는 만명이다. 신라 진평왕 17년 을묘에 공을 낳았다.

칠성의 정기를 받아 태어난 연고로 등에 북두칠성 무늬가 있다.

경진날 밤에 서현이 꿈을 꾸는데, 화성과 토성 두 별이 몸으로 내려와 품에 안겼다.

또 만명이 신축날 밤 꿈에 동자가 금 갑옷을 입고 구름을 타고 집으로 들어오는 꿈을 꾸었다. 그리고 얼마 뒤 임신을 하였는데 20개월 만에 유신을 낳았다.

나이가 15세에 화랑이 되었고, 용화향도라 불렀다.

17세에 홀로 가서 중악에 들어가서 석굴에서 목욕재계 하고 하늘에 맹세하며 고하기를,

적국이 도가 없어서 늑대와 호랑이가 되어서 우리 신라는 저들이 쳐들어올까 두려워하며 편안할 날이 없는데, 내가 일개의 조그만 신하로서 뜻이 맑아 재앙과 어지러움을 맑게 하려는 뜻이 있으니 오직 하느님께서는 나에게 손을 빌려 주시옵소서...

하니 갑자기 한 늙은이가 있어서 말하기를 귀한 소년이 삼국을 합치려는 마음이 있으니 이 또한 씩씩하고 좋지 아니한가, 하고 이에 비법을 주고 말없이 떠나가니, 오직 산위에 빛이 찬란할 뿐만이 아니라 오색이 영롱한 듯하였다.

유신은 압양주 군주가 되어서, 소판이 되고, 상장군도 되고, 동쪽을 치고 서쪽을 정벌하여 크게 이겼다. 이에 집 앞을 지나면서도 문을 들어서지 않았다.

나이 60에 진덕대왕이 돌아가심에 맡을 후사가 없어서 재상과 더불어 꾀를 내어 춘추를 들여 즉위 하게하니 태종대왕이 되었다.

태종대왕 7년 경신년 여름 6월에 당나라 병사와 더불어 백제를 멸하니 나이가 67세였다.

문무왕 원년 12월에 고구려로 출진하였다. 문무왕 8년에 이미 당나라 이적장군으로 더불어 평양을 치고 환도하여 서울로 돌아왔다.

태대서발한의 직책을 받았다. 식읍 오백호와 인하여 수레와 지팡이도 받고 임금을 뵈려갈 때에도 빠른 걸음으로 걷지 않아도 되었다.

모든 관료들에게 각각 한 계급씩 올려주었다.

문무대왕 13년 봄에 요상한 별 하나가 나타나고 지진이 보였다.

그해 가을 7월 1일에 집에서 돌아갔다.

향년 79세였다. 대왕이 부고를 듣고 통곡하며, 무늬 놓은 비단 천 필과 쌀 이천 석을 주었다.

그래서 함께 도와 장사지내게 하고 군악대 일백사람을 보냈고 금산산 언덕에 장사 지내게 했다

유사책임자에게 명하여 비석을 세워 유신장군의 공로를 비석에 기록하게 하였다.

아내 지소부인은 태종대왕의 셋째 딸이었다.

아들 다섯을 낳았으니 삼광, 원술, 원정, 장이, 원망이다

서자 한명이 있으니 군승이다. 딸 네 명이 있다.

후에 지소부인은 삭발하고 스님이 되었다.

때에 대왕은 부인에게 일러 말하기를, "이 모든 것은 다 각간이 남겨 주었도다." 했다.

기려 노래하노니,

소서에 산과 들은 녹음이 아름다운데
화성 창곡마을에 한 사당이 크도다.
기와집 초석은 창고 터의 인연이요
담장둘레 솔바람은 장군의 숨결이로다.
고려백제를 아울러 삼켜 세 나라를 합했고
신라 당나라 연결된 것은 천년의 향기로다.
옛 때의 공렬은 둘이 없는 속에
오늘날 누가 저처럼 큰 기쁨을 이룩할 것인가. 전

세 갈래 한줄기로
묶어낸 싸울아비

이김이 먼저라오
싸움은 나중이라

오늘도 이겨놓고서
막아 낸다 불구름

욕천 최장호

엄지 척 사나이 꽃
세 나라 뭉치었고

즈믄 해 지났으나
눈앞에 오늘처럼

하늘님 어찌 하리오
설레이는 이 마음

노산당 전향아

상서론 아버지 꿈
스무 달 엄마뱃속

남달리 꾀도 넘쳐
싸움엔 지지 않아

이번엔 이리 살펴서
저리밀고 가더라

갑고 홍영표

그 옛날 새벌터를
힘 다해 싸우면서

슬기로 한나라를
나랏임 섬겼도다

오늘은 목 타는 나무
가뭄 속의 단비라

안일당 이원희

꽃 사내 칼 솜씨는
바위를 깨더니만

세 나라 하나 되어
나라는 넓어졌고

우렁찬 기합소리에
떨려오는 설레임

설전 임준신

빼어난 재주와 꾀
세 나라 한데 묶고

하나 된 터 만들어
큰 길을 내다보고

지난 날 이뤄낸 자취
길이길이 빛나네

우인 경우수

세 나라 모은 이는
누구라 하였던 가

스무 살 배속에서
길러온 花郎 興武

서라벌 천년사 별빛
돌아오라 해볼까

가산 임봉훈

그 옛날 한나라로
합치신 타고난 힘

늘 앞서 싸우면서
슬기도 남달랐다

가뭄에 소나기 내려
타는 목을 적신다

오남 이종관

큰 세움 기운 서려
보살핌 어제 오늘

세 나라 하나 뭉쳐
못된 놈 쫓아냈고

갈라진 우리의 오늘
모을 사람 뉘리오

서천 조경휘

金山祠

안일당 이원희

霖雨華城草色文 閑村昌谷古祠賁
림 우 화 성 초 색 문 한 촌 창 곡 고 사 분

松林廟內板名筆 石坒庭中猛將軍
송 림 묘 내 판 명 필 석 비 정 중 맹 장 군

三國誠忠羅合特 一門仁孝閥家馧
삼 국 성 충 라 합 특 일 문 인 효 벌 가 온

千年榮史王孫裏 今日功勳讚唱欣
천 년 영 사 왕 손 리 금 일 공 훈 찬 창 흔

장맛비 속의 화성은 풀색이 빛나는데
한가한 시골 창곡은 옛 사당이 크도다.
솔숲의 사당 안에는 현판이 명필이요
돌층계 뜰 가운데 용맹한 장군이 계시도다.
삼국을 성충으로 신라가 통합함이 특별하고
한 가문이 인효로 명벌의 향기로다.
천년 빛나는 역사에 왕손으로 이어진 속에
금일 크신 공훈을 기리는 노래가 기쁘도다.

金山祠

가산 임봉훈

風月八灘來歷文 統韓史錄大王賁
풍 월 팔 탄 래 력 문 통 한 사 록 대 왕 분

龍橋戰蹟屯糧庫 創谷望鄕停駐軍
용 교 전 적 둔 량 고 창 곡 망 향 정 주 군

買忽句麗忘邑誌 金山樂浪奉祠醞
매 홀 구 려 망 읍 지 금 산 낙 랑 봉 사 온

桓檀遺事唱吟裡 今日香徒華號欣
환 단 유 사 창 음 리 금 일 향 도 화 호 흔

청풍명월 자연의 여덟 여울은 내력이 빛나는 데
통일신라의 역사 기록은 흥무 대왕이 크도다.
용 다리의 전쟁자취는 둔병의 군량미 창고였고
창곡은 고향이 그리운 屯兵을 머물게 하고 있었네.
고구려시대의 買忽 郡은 기억에서 잊고 있는데
금산은 신라 때 祠宇를 奉祠하고 향기 피우고 있다.
桓檀 민족의 빠진 역사를 읊고 노래하는 속에
오늘도 龍華香徒의 화려한 이름을 기뻐하노라.

金山祠

오남 이종관

昌谷江村染綠文 金山祠上午天賁
창곡강촌염록문 금산사상오천분

蒼蒼松籟頌忠志 滾滾野風呼將軍
창창송뢰송충지 곤곤야풍호장군

倂合三韓千禩郁 統民一國萬年醞
병합삼한천사욱 통민일국만년온

樹功灼灼遺名赫 青史遙遙永久欣
수공작작유명혁 청사요요영구흔

창곡리 강산이 푸른 무늬로 물들였는데
금산사 위에 한 낮 하늘이 크구나.
푸르고 푸른 솔바람은 충성을 찬송하고
곤곤히 부는 들바람은 장군을 찬양하는도다.
삼한을 통합하니 천년토록 향기 나고
민족을 통일하니 만년토록 꽃다움이로다.
공훈이 빛나서 그 이름 혁혁하고
멀리 청사 길이 기쁨을 기록하였도다.

金山祠

서천 조경휘

時霔綠陰合萬文 水城昌谷靈祠賁
시 주 록 음 합 만 문 수 성 창 곡 령 사 분

背山迎世端祥址 覆瓦奉神崇聖軍
배 산 영 세 단 상 지 복 와 봉 신 숭 성 군

三國削平淸禍亂 一凶逐出全安醞
삼 국 삭 평 청 화 란 일 흉 축 출 전 안 온

史流交感滿胸裏 南北再通誰達欣
사 류 교 감 만 흉 리 남 북 재 통 수 달 흔

때 맞춰 온 비 온 무늬를 녹음으로 합치고
화성 창곡에는 신령스런 사당이 크네.
뒤에 산을 업고 손님을 맞이하는 길하고 단정한 땅
기와집에 모신 분 성스러운 장군이여.
삼국통일 이 땅에 평화를 이루고
당나라 쫓아내니 온 나라가 편안한 향기로다.
이 가슴에 역사의 흐름 가득
남북통일 누가 이 기쁨을 이룰까.

금산사(金山祠)에서

세온스물일곱 번째 한가락 모임
때 : 4350(2017)년 7월 15일, 토요일, 비
곳 : 금산사 - 경기도 화성시 팔탄면 창곡리

이번 주는 장마전선이 활성화되어 장맛비가 전국적으로 내린다고 한다. 한가락 역사탐방 길을 나서는 날에는 비오는 날이 아주 드문 일이나 오늘은 이상하게도 비가 내리는 날이다. 이름만 들어도 모두 알듯 한 인물을 찾는다. 멀리 경주 부근에 있어야 할 유적지가 경기도 화성시 근방에 유적지가 있는 것도 생소하게 다가온다.

서울에서 가까운 유적지이라서 버스 대절은 생략하고 지하철과 마을버스를 이용하여 정말 걸어가면서 느끼는 진정한 탐방길에 오른다. 오늘 참여한 10여명의 회원들은 금정역에서 1차 약속시간인 10시에 모여 다음 목적지인 화성시 팔탄면에 위치한 금산사 입구로 가는 버스를 20분 쯤 기다렸다. 탑승을 모두 완료하고 근 1시간정도 달려가니 금산사입구에 도달하였다. 문중어르신은 먼저와 정류장에서 기다리고 있다. 아담한 동산 아래에 있는 金山祠까지 이동하는데 400미터 정도 빗줄기를 헤치고 길을 나서면서 무슨 생각이 날까.

김유신, 설총, 최치원 위패를 모신 경기도 화성시 팔탄면 창곡리에 있는 금산사에 한가락회원 들이 모여 있다. 모셔진 유패 중 김유신의 위패를 배향하고서 금산사 앞에 있는 재실로 이동한다. 재실 이름은 龍華齋로 龍華香徒의 이름을 따서 만든 것 같다. 門中에서 金山祠 주변에서 수확한 살구를 오늘 방문한 한가락회원들에게 자연의 맛으로 대접한다. 살구는 피부미용 뿐만 아니라 폐와 대장을 보강하는 좋은 과실이다. 이런 좋은

과실을 대접을 받고 나니 정신이 더욱 또렷해짐을 느낀다. 살구는 매실과 다르게 과육과 씨가 쉽게 분리된다. 그 만큼 결단력이 있는 과일이다. 매실처럼 봄의 향기에 젖어 쉽게 분리하지 못하는 성질이 없는 듯하다.

김해김씨 선조인 김유신의 화랑정신과 삼국통일의 위업을 기리기 위해 작은 규모로 건립한 금산사는 화성시 향토유적 제7호로 문중에서 十匙一飯하여 모은 돈으로 건립되었으며, 2004년에 목조 구조 및 맞배지붕을 갖춘 현재의 모습으로 새로 증축된 사당으로, 김해김씨 興武王公派 종친회가 소장, 관리하고 있다. 이곳에는 김유신의 위패와 원효대사의 아들이자 '이두'를 창안했던 설총, 신라 말기 대학자로 명성 높였던 최치원 위패도 함께 배향, 봉사하고 있다.

노산당은 중관선생님이 준비하신 자료를 회원과 문중어르신에 나누어 주고 이어 公에 대한 공부를 바로 이어간다.

금산사는 경기도 화성시 팔탄면 창곡리에 있고 興武大王을 추모하는 곳이다. 휘는 庾信이며 金海人이다. 신라에 의해 멸망한 伽倻國의 김수로왕의 12대 후손이다.

庾信公은 眞平王 17년 乙卯年에 태어났는데, 七曜의 정기를 타고났기 때문에 등에 일곱 개의 별무늬가 있었다. 아버지 舒玄은 庚辰日 밤에 熒惑星과 鎭星 두 별이 자신에게 내려오는 꿈을 꾸고, 어머니 萬明은 辛丑日 밤에 한 어린아이가 황금 갑옷을 입고 구름을 타고 집 안으로 들어오는 태몽을 꾸고서 임신하였고 이에 公을 생산하였다.

15살에는 花郎이 되었고 사람들이 龍華香徒라 불렀다. 17살에는 혼자 속리산 석굴에 들어가 하늘에 고하며 맹세하였더니 한 노인이 와서 말하기를, 너는 어려서 삼국을 병탄할 마음이 있더니 또한 장한 일이 아닌가? 이에 비법을 가르쳐주고 말없이 떠났다. 오직 산 위에 오색찬란한 빛이 서려 있었다. 유신은 押梁州 軍主가 되었고 소판이 되고 상장군에 올라 백제 7성을 크게 이겼으며, 60여 년간 전쟁터에서 東擊 西征하면서 집에 머문 날이 드물었다. 眞德大王이 後嗣를 남기지 못하고 죽자 宰相들과 함께 꾀하여 春秋를 왕으로 추대하였다.

太宗 7년 庚申년 여름 6월에 나당연합군으로 백제(660년)를 멸할 때 나이가 67세였다. 文武王 8年 고구려(668년)를 멸한 후 太大舒發翰의 관등과 식읍 5백 호를 받았고, 또한 수레와 지팡이를 내림과 동시에 대궐에서 몸을 굽히지 않는 것이 허락되었으며, 여럿 寮佐들에게도 각각 1등급씩 위계를 올려주었다. 문무대왕 13년 봄에 불길함을 나타내는 혜성이 나타났고 地震이 일어난 후 7월 1일 사망하니 享年 79세다.

끝으로 七言律詩를 쓰실 분은 선생님의 讚詩의 次韻을 활용하여 쓰시라고 하시며 公의 초심이 있는 마음을 담아 시조를 완성하시라고 한다.

12시 47분에 龍華齋 안에서 공부를 다 마쳤고 금산사입구 정류장 앞에 있는 식당으로 이동한다. 이곳은 농촌 속의 규모가 작은 공단들이 조금 들어와 있어 주변에 마땅한 식당이 없고 오직 유일하게 있는 한식 뷔페라고 한다. 일명 정성어린 맛을 담은 해성한식이라고 한다.

화성시 팔탄면 창곡리는 본래 신라 문무왕 때 군창이 있던 장소로 군사시설이 주둔하던 공간이라고 한다. 삼국통일을 상징하는 장소로 원래 이곳은 백제의 영역이었으나, 신라가 당항성의 중요성을 알고 점령하여 당나라로 통하는 유일한 교통로였고, 당항성을 통해 나당연합군의 결성이 이루어졌으니, 삼국통일의 시작점이라고 재인식할 필요가 있다.

욕천 최장호 씀.

328. 안곡서원(安谷書院)에서

소나무 가꾸는 뜻
아는 이 몇일러냐

그 때의 할아버지
일구신 큰 일들을

오늘에 이어야한다
땀방울이 흐른다

최중관

▲안곡서원

▲안곡서원 앞에서

▲ 송촌공 묘갈

▲송촌공 공부를 하며

328. 安谷書院(안곡서원)

安谷書院在京畿道華城市西新面尚安里松村公追慕處
안 곡 서 원 재 경 기 도 화 성 시 서 신 면 상 안 리 송 촌 공 추 모 처

也公諱世勳字勳之商山人新羅王姓朴氏曾祖諱安義判
야 공 휘 세 훈 자 훈 지 상 산 인 신 라 왕 성 박 씨 증 조 휘 안 의 판

典農寺事祖諱美昌左軍司正贈左承旨考諱士華軍資監
전 농 시 사 조 휘 미 창 좌 군 사 정 증 좌 승 지 고 휘 사 화 군 자 감

副正贈戶曹判書妣靈山辛氏縣監福聃女以朝鮮成宗十
부 정 증 호 조 판 서 비 령 산 신 씨 현 감 복 담 녀 이 조 선 성 종 십

九戊申年生公幼時穎脫不群自齠年知讀書能通孝經小
구 무 신 년 생 공 유 시 영 탈 불 군 자 초 년 지 독 서 능 통 효 경 소

學等書行事親敬長之道稍長沈潛經傳不事科業奉父母
학 등 서 행 사 친 경 장 지 도 초 장 심 잠 경 전 불 사 과 업 봉 부 모

竭力盡誠孝年纔十七甲子夏丁父憂哀毁踰節幾至氣絶
갈 력 진 성 효 년 재 십 칠 갑 자 하 정 부 우 애 훼 유 절 기 지 기 절

鄉里之來見者莫不爲之流涕居廬南陽墓下啜粥三年也
향 리 지 래 견 자 막 불 위 지 유 체 거 여 남 양 묘 하 철 죽 삼 년 야

時仲氏道源齋公年十四季氏監司公年十一與兩弟晝則
시 중 씨 도 원 재 공 년 십 사 계 씨 감 사 공 년 십 일 여 양 제 획 즉

相對廬次夜則同衾敎訓講諭皆在經傳不及他書過喪奉
상 대 여 차 야 즉 동 금 교 훈 강 유 개 재 경 전 불 급 타 서 과 상 봉

母夫人因居于墓下益勉孝友鄉黨以法家稱之公年旣二
모 부 인 인 거 우 묘 하 익 면 효 우 향 당 이 법 가 칭 지 공 년 기 이

十才學有優而不肯赴擧惟有講學求道之志時母夫人年
십 재 학 유 우 이 불 긍 부 거 유 유 강 학 구 도 지 지 시 모 부 인 년

已老矣嘗責曰汝何不赴國試耶公赴試中司馬以才藝學
이로의상책왈여하불부국시야공부시중사마이재예학

行被薦別科爲濟用監僉正而只爲肅謝終不就職公雖愛
행피천별과위제용감첨정이지위숙사종불취직공수애

其弟常誡之曰士之出處不可不愼汝性太剛是吾憂也及
기제상계지왈사지출처불가불신여성태강시오우야급

己卯禍作道源齋公果與諸賢同被其禍也中宗十七壬午
기묘화작도원재공과여제현동피기화야중종십칠임오

年遭母夫人喪道源齋公在江界公獨與監司公守喪盡禮
년조모부인상도원재공재강계공독여감사공수상진례

服闋謝絶交遊端坐一室靜對書籍不以事物經心教授鄉
복결사절교유단좌일실정대서적불이사물경심교수향

子弟勉以孝友之道種松栽竹寓以歲寒之深趣因自號松
자제면이효우지도종송재죽우이세한지심취인자호송

村公嘗子弟曰吾死後勿惑堪輿之說葬我於父母墓傍矣
촌공상자제왈오사후물혹감여지설장아어부모묘방의

明宗八癸丑年卒享年六十六也葬于先府君副正公之墓
명종팔계축년졸향년육십육야장우선부군부정공지묘

傍也嗚呼松竹堅節兮萬古師表哉讚曰
방야오호송죽견절혜만고사표재찬왈

暑退立秋旻亢元　華城安谷書聲惇
서퇴입추민항원　화성안곡서성돈

瓦家龕下繼香火　徒弟胸中釃箭門
와가감하계향화　도제흉중시전문

老母奉將誠孝盡　禮徵拒絶狷心尊
노모봉장성효진　예징거절견심존

種松栽竹高孤訓　萬世宗師豈可諼
종 송 재 죽 고 고 훈　만 세 종 사 기 가 훤

328. 안곡서원(安谷書院)

안곡서원은 경기도 화성시 서신면 상안리에 있다.

송촌공을 추모하는 곳이다.

공의 휘는 세훈이요 자는 훈지요 상산인이다.

신라왕의 성 박씨이다. 증조의 휘는 안의요 판전농시사이다.

조의 휘는 미창이요 좌군사정이다. 좌승지로 증직되었다.

고위 휘는 사화요 군자감부정이다. 호조판서로 증직되었다.

어머니는 영산 신씨이다. 현감복담의 딸이다.

공은 조선 성종 19년 무신년에 태어났으며, 어렸을 때에 영특함이 빼어나서 무리들과 달랐다.

어린나이에 독서를 알고 효경, 소학, 등 책에 능통하였다.

행동으론 어버이를 섬기며 어른을 공경하기를 도로써 하였다.

자라면서 경전을 깊이 연구하며, 과거를 보려하지 않았고 부모를 봉양함에 힘을 다하였고 효와 성을 다하였다. 나이 겨우 17세 갑자년 여름에 아버지 상을 당하였는데, 슬펴함이 절차를 뛰어넘어 기절함에 이르렀다.

마을사람들이 와서 보고는 눈물을 흘리지 않는 이가 없었다.

산소 옆 남쪽 볕바른 언덕에 여막을 얽어놓고 시묘살이를 하면서 3년간 죽만 먹었다.

때에 동생 도원재공 나이 14세였고 막내 감사공은 나이 11세였다. 두 아우와 더불어 낮에는 여막에서 상대하였고, 또 밤에는 함께 이불을

덮고 자면서 강론하며 가르쳤다.

모두 경전에 있었고, 다른 것은 미침이 없었다.

상을 마치고 어머니를 봉양하며, 산소 아래에 살면서 더욱 힘써 효도와 우애에 힘을 다했다.

마을에서는 이 집을 법삼아 본받았다.

공의 나이 20세에 재주와 학문이 넉넉함이 있는데도 과거에 나가기를 즐기지 않았다.

오직 외우고 배우며 도를 구하고자하는 뜻만 있었다.

때에 어머니 나이 이미 늙었으니 ,아들에게 일러 말하기를 너는 어찌 나라시험에 나가지 않는가 하니, 공이 시험에 나가서 사마시에 합격하였다.

재주와 학행으로 별과 시험에 추천을 받아 제용감의 책임자가 되었으나

다만 공손히 사례하고 마침내 나가지는 않았다.

공은 비록 그 아우를 사랑해서 경계해 가르쳤는데,

선비들이 벼슬에 나가고 물러날 때는 가히 삼가지 않아서는 아니됨을 가르치면서, 너의 성품이 너무 강하니 이것이 나의 근심이로다 했다.

과연 기묘년화에 이르러 도원재공이 가히 그 화를 입고야 말았다.

중종17년 임오년에 어머니 상을 만났다. 때에 도원재공이 강계에 있으니 공이 홀로 감사공과 더불어 상을 지키며 예를 다하였다.

3년상을 마치고 모든 관계와 교류를 끊고 한집에 단정히 앉아서 조용히 책만 읽었다.

모든 사물에 마음을 쓰지 않고, 마을에 아이들을 모아 효와 우애와 도를 가르쳤다.

소나무와 대나무를 가꾸며 세한의 도를 깊이 새기며 취미를 삼았다.

이로 인하여 호를 송촌공이라 했다.

일찍이 자제들에게 일러 말하기를, 나의 사후에 풍수지리설에 미혹되지 말고 부모님 산소 곁에다 장사지내라 했다.

명종 8년 계축년에 돌아가시니 향년 66세였다.

장사는 선부군 부정공의 산소 곁에 있다. 오호라 소나무와 대나무의 굳은 절개여. 만고의 사표로다.

기려 노래하노니,

더위가 물러가고 가을하늘은 높고도 넓은데
화성의 안곡리에 글소리 두텁도다.
기와집 감실아래 향화가 이어지고
제자들 가슴속에는 술 올리는 홍살문이로다.
노모를 받들고 받드는데 효와 정성을 다하였고
예를 다해 불렀으나 돌아앉아 굳은 마음을 높였도다.
소나무를 심고 대나무를 가꾸며 높고 특별함을 가르쳤으니
만세토록 스승의 사표로서 어찌 가이 잊으리요. 전

남아야 하는 것들
이곳에 있다하고

나가야 하는 것들
저곳에 있다는 걸

그래도 늙은 소나무
길게 보고 뻗는다

욕천 최장호

여막에 앉았어도
온누리 읽고 있어

아우의 스승으로
어머님 모시면서

나랏일 돌보는 사람
길러내신 앞선이

노산당 전향아

솔과 대 가꾸는 뜻
얼마나 들 알리오

그러던 솔마을님
펼치신 큰일들을

오늘에 힘있게 이어
골잘해를 뻗으리

갑고 홍영표

그 옛날 배움터에
글소리 들리도다

어버이 모신 정성
오늘에 이음이라

울리는 한가락노래
소나무골 가득차

안일당 이원희

아버님 일찍 떠나
여막을 지키면서

아우와 둘러앉아
사는 길 가르치니

나라에 제목되었네
우리아우 최고다

설전 임준신

사람이 사람 되는
첫째로 해야 할 일

알아서 몸소 익혀
아우들 일러주고

우리들 모든 마음에
깊이 새겨 남겼네

우인 경우수

다섯 살 어린아이
빼어난 책꼽놀이

孝經에 움막살고
어미 말 끝내 지켜

벼슬길 솔대 벗 삼은
그 이름은 松村公

가산 임봉훈

그윽한 소나무골
글소리 낭랑하다

어버이 모신 정성
힘 다한 어진이라

옛날의 글자리에서
한가락이 읊는다

오남 이종관

펴오른 좋은 내음
배움이 가득하고

어버이 섬김 다해
다른 일 텅 빈 듯이

이렇듯 내려놓은 맘
많은 사람 따라해

서천 조경휘

安谷書院

안일당 이원희

伏月華城書院元 靑明山下一祠惇
복 월 화 성 서 원 원 청 명 산 하 일 사 돈

碧丹瓦屋檐頭磬 黃黑石階紅箭門
벽 단 와 옥 첨 두 경 황 흑 석 계 홍 전 문

侍墓三年誠孝至 修文二弟德仁尊
시 묘 삼 년 성 효 지 수 문 이 제 덕 인 존

竹松栽杏衝天立 千代名家讚可諼
죽 송 재 행 충 천 립 천 대 명 가 찬 가 훤

복중의 화성에 서원이 우뚝한데
청명산 아래 한 사당이 도탑도다.
단청의 와옥 처마 끝에 풍경이요
누르고 검은 돌계단에 홍살문이로다.
시묘살이 삼년은 성효의 지극함이요
글을 두 아우에게 가르쳐 덕과 인을 높였도다.
송죽과 은행나무를 심어 하늘을 찌르듯 서있고
천대의 명가를 기림을 가히 잊을 수 있으랴.

安谷書院

가산 임봉훈

西海夕陽秋色元 日輪邊邑尚山惇
서 해 석 양 추 색 원 일 륜 변 읍 상 산 돈

舊鄉書塾序庠似 廬幕訓經徒弟門
구 향 서 숙 서 상 사 려 막 훈 경 도 제 문

時議法家稱道賞 赴中司馬志行尊
시 의 법 가 칭 도 상 부 중 사 마 지 행 존

吟魂栽竹德風抱 號曰松村何本諼
음 혼 재 죽 덕 풍 포 호 왈 송 촌 하 본 원

서쪽바다의 저녁나절은 가을경치가 으뜸인데
해 무리의 벽촌에는 인정이 두터운 尙山이로다.
옛날 마을에 있는 향교 글방은 학교와 같았는데
여막에서 경전孝經을 가르치니 徒弟의 집안일세.
그때 논한 法家란 사람들이 일컬어 칭찬한 말이고
사마시에 나아가 등과하니 志行을 존경하도다.
시가를 지어 읊는 맘으로 송죽심어 덕풍을 품고
스스로 松村이라고 부르니 어찌 근본을 잊어리오.

安谷書院

오남 이종관

經學何時返本元 西新深谷古齋惇
경 학 하 시 반 본 원 서 신 심 곡 고 재 돈

桃花紅憶尚安洞 楊柳蒼知誠孝門
도 화 홍 억 상 안 동 양 류 창 지 성 효 문

教育偉材任自業 種栽松竹酌芳尊
교 육 위 재 임 자 업 종 재 송 죽 작 방 준

嗚呼斯行旗青史 萬世英名豈可諼
오 호 사 행 기 청 사 만 세 영 명 기 가 훤

경학은 어느 때나 그 근원으로 돌아갈까
서신면 깊은 골에 옛 서원이 두텁구나.
도화는 상안동을 알고 붉게 피었으며
양유는 성효문을 알고 푸르른도다.
높은 인재를 가르침을 나의 소임으로 삼고
송죽을 기르면서 꽃다운 술잔을 기울이는도다.
오호라 그 행실 청사에 나부끼니
만세토록 그 영명 어찌 잊을쏘냐.

安谷書院

서천 조경휘

螢月炎消旻感元 華城名邑慕賢惇
형월염소민감원 화성명읍모현돈

焚香爐大傳靈宔 講學堂高出俊門
분향로대전령주 강학당고출준문

啜粥三年誠孝盡 坐端一室蕭然尊
철죽삼년성효진 좌단일실소연존

過英孤訓波胸裏 今日濁中何暫諼
과영고훈파흉리 금일탁중하잠훤

6월 더위는 가시는데 가을하늘의 느낌 으뜸이라
화성의 이름난 읍에 현인을 사모함이 두터웁고.
커다란 분향 향로는 신령을 전해오는 신주요
높은 강학당은 준걸을 배출하는 문이라.
시묘살이 죽으로 삼년 정성스런 효성을 다함이요
(命官職時) 단정히 앉아 쓸쓸한 모습은 존엄스럽다.
지난날 뛰어난 분의 가르침 가슴속 파도침이
오늘날 탁함 속에서도 어찌 잠시 잊으리.

안곡서원(安谷書院)에서

세온스물여덟 번째 한가락 모임
때 : 4350(2017)년 8월 19일, 토요일, 맑음
곳 : 안곡서원 - 경기도 화성시 서신면 상안리

8월 아침 알맞게 훈훈한 것이 여름 날씨치곤 활동하기 딱 좋은 기후이다. 아침 10시 금정역에 모여 시골 버스를 타고 목적지인 상안리로 가야한다.

늘 사당역에서 출발했던 회원들은 갑자기 금정역으로 바뀐 모임 장소이지만 잘도 찾아들 오신다. 한분 또 한분, 선생님을 비롯해서 가산, 우인, 욕천, 안일당 조경휘, 문광, 초계, 서정원씨, 그리고 노산당 나까지 딱 열사람이다.

아직은 목적지까지 얼마나 걸릴지도 모르는 상태에서 배차 간격이 2-30분이라 기다리며, 약간 들떠있는 회원들의 인사는 설레는 기분들이다.

사람들은 모바일을 열어 도착시간을 미리 40여분 걸린다고 알려주기도 하지만 글쎄 얼마나 정확할지는 모르는 일, 저만치 버스가 온다. 다행히 종점이라 자리가 있어 우리는 모두 자리에 앉았다.

버스는 별 탈 없이 잘 달린다. 길도 그리 막히지 않아 순조롭게 느껴지지만 한참을 가도 목적지가 나오지 않는다. 시골길이라 그런가 1시간 30분이 되어서야 목적지에 하차하였다.

짙은 녹음은 한가한 바람에 춤을 추며, 비온 뒤의 맑은 자태를 맘껏 뽐내면서 도도하게 흔들리고 있다.

제 때 알맞은 몸가짐을 잘 펼치고 있는 푸르른 녹음, 푸르른 냄새, 이 위대한 자연 앞에서 감사한 마음으로 호흡을 가다듬으면서, 한발 또 한발을 내딛으며 그리 멀지 않은 안곡서원에 도착하였다.

우리는 먼저 재실에 참배를 올리고 재실 앞에 있는 좁은 방에서 자료 공부를 하였다.

우리 회원 10여명도 앉기가 부족한 좁은 곳이지만 다닥다닥 앉아서, 덥다 좁다 말도 못하고 무념무상, 공부에 몰두하였다.

90에 가까운 선생님의 우렁찬 목소리는 우리 모두에게 더위를 잊게 하는 원동력이 되었기 때문이다.

오직 선생님이 불편하실까 걱정이 되었지만, 선생님께선 오히려 더 큰 목소리로 강의에 열중하신다.

안곡서원은 송촌공을 추모하는 곳이다.

상산박씨로 이름은 세훈이며, 동방의 나라 사람으로 사람중심인 효도 즉 효심이 지극하였다. 자세한 설명은 번역으로 첨부할 것이며...

바로 옆에 있는 산소는 벌초를 하지 않아 풀이 나의 허리춤까지 넘어 올라서 찾아들기 어려웠다. 겨우 찾아서 사진만 찍고 내려왔다.

산소 옆 포도밭에는 포도가 주렁주렁 열려서 침샘을 자극하지만 주인이 없어 따 먹을 수가 없어 먹는 기회를 놓치고 말았다.

문중에선 젊은 총무가 함께 했는데 식당까지만 안내를 하고 약속이 있다고 가버린다. 우리끼리 늦은 점심으로 갈비탕을 먹으며 오늘을 정리해 보았다.

노산당 전향아 씀.

329. 초당공묘(草堂公墓)에서

두루미 울음소리
아홉 길 깊은 골에

아들이 귀담았다
세워본 집이어니

길동아 잠이 길었다
해야 할 일 있잖아

최중관

▲초당공묘

▲ 초당공묘 앞에서

▲ 초당공묘역에 올라

▲ 초당공 공부를 하며

329. 草堂公墓(초당공묘)

草堂公墓在京畿道龍仁市處仁區遠三面孟里公諱曄字
초 당 공 묘 재 경 기 도 용 인 시 처 인 구 원 삼 면 맹 리 공 휘 엽 자

太輝陽川人曾祖諱菖祖諱聃考諱澣贈吏曹參判妣昌寧
태 휘 양 천 인 증 조 휘 창 조 휘 담 고 휘 한 증 이 조 참 판 비 창 령

成氏敦寧府判官熹女以朝鮮朝中宗十二年丁丑生公自
성 씨 돈 령 부 판 관 희 녀 이 조 선 조 중 종 십 이 년 정 축 생 공 자

幼力學於羅湜徐敬德及第後歷副敎理掌令罷職再起弼
유 역 학 어 나 식 서 경 덕 급 제 후 역 부 교 리 장 령 파 직 재 기 필

善至大司成以知製敎入玉翠亭和律詩請趙光祖伸寃又
선 지 대 사 성 이 지 제 교 입 옥 취 정 화 율 시 청 조 광 조 신 원 우

罷職再歷副提學出慶尙道觀察使以病謝轉任同知中樞
파 직 재 역 부 제 학 출 경 상 도 관 찰 사 이 병 사 전 임 동 지 중 추

副使於尙州客館終焉宣祖十三年庚辰享六十四年也栗
부 사 어 상 주 객 관 종 언 선 조 십 삼 년 경 진 향 육 십 사 년 야 율

谷曰草堂之文有矛盾點又語意有不通處退溪亦曰萬一
곡 왈 초 당 지 문 유 모 순 점 우 어 의 유 불 통 처 퇴 계 역 왈 만 일

無學識則草堂爲至善之人也三十餘年官職生活以淸廉
무 학 식 즉 초 당 위 지 선 지 인 야 삼 십 여 년 관 직 생 활 이 청 렴

稱頌也東西人對立時與金孝元爲東人領首也以進賀使
칭 송 야 동 서 인 대 립 시 여 금 효 원 위 동 인 령 수 야 이 진 하 사

行明歸國後建議鄕約施行參與於三綱二倫行實編纂也
행 명 귀 국 후 건 의 향 약 시 행 참 여 어 삼 강 이 륜 행 실 편 찬 야

嗚呼子筠洪吉童傳兮父之夢事假設哉白鶴鳴于九皐兮
오 호 자 균 홍 길 동 전 혜 부 지 몽 사 가 설 재 백 학 명 우 구 고 혜

聲聞于此陵谷哉龍仁孟里明堂兮父子呼應同行哉讚曰
성 문 우 차 능 곡 재 용 인 맹 리 명 당 혜 부 자 호 응 동 행 재 찬 왈

周到秋分日漸寒 龍仁孟里一墳干
주 도 추 분 일 점 한 용 인 맹 리 일 분 간

許門先壟新臺盛 神道碑文老筆難
허 문 선 롱 신 대 성 신 도 비 문 노 필 난

宦路輕行時黜斥 信條淸白稱芸蘭
환 로 경 행 시 출 척 신 조 청 백 칭 운 란

慧明子女從庭訓 父夢創開期大歡
혜 명 자 녀 종 정 훈 부 몽 창 개 기 대 환

329. 초당공묘(草堂公墓)

초당공묘는 경기도 용인시 처인구 원삼면 맹리에 있다. 공의 휘는 엽이요, 자는 태휘요 양천인이다. 증조의 휘는 창이요 조의 휘는 담이요 고의 휘는 한이요 이조참판을 증직받았다.

어머니는 창령성씨로 돈령부판관 희의 딸이다.

조선조 중종 12년 정축에 공을 낳았다.

공은 어려서부터 공부하기를 좋아하여 나식, 서경덕에게 수학하였다. 과거 급제후 부교리 장령을 지냈고 파직되었다. 재기하여 필선(세자선생)이 되었고, 대사성에 이르렀다.

지제교로써 옥취정에 들어가 임금의 율시에 화답하였다. 청하기를, "조광조를 풀어주십시오." 하고 청하였다가 다시 파직되었다.

다시 부제학이 되어 경상도 관찰사로 임명받았으나, 병으로써 사양하고 동지중추부사로 임명되었다가 상주 객관에서 돌아갔으니, 선조

13년 경진년으로 향년 64세였다.

율곡이 말하기를, "초당의 글은 모순점이 있다. 또 말의 뜻은 통하지 않는다." 했다

퇴계 또한 말하기를, "만일에 공부한 학식이 없었다면 지극히 착한 사람이 되었을 것이다."

30여 년 관직에서 생활하면서 청렴하다 칭송받았다.

동서인 대립시에 김효원은 동인의 영수가 되었다

진하사로(사신) 명나라에서 귀국 후에 향약 시행을 건의하였다.

『삼강행실도』, 『이륜행실도』를 편찬하였다.

오호라! 아들 균은 홍길동전을 만들었고, 아버지의 꿈의 일을 가짜로 꾸며 만들었도다.

흰 학이 언덕 속에서 울고 있으니 그 소리가 이 능 골짜기까지 들리는 구나. 용인군 명당자리여 아버지가 부르고 아들이 대답하며 함께 걷는 길이도다.

기려 노래하노니,

계절은 돌아가 추분이니 날씨는 점점 추워지는데
요인 맹리 한 무덤을 찾았도다.
허씨문중 조상 산소들이 새로 돋아난 띠풀이 왕성한데
신도비의 글씨는 마모되어 늙어가 잘 보이지 않는구나.
벼슬길은 가볍게 여기며 때로 내쫓기기도 했으나
청백리를 신조로 삼아 향기롭다 칭찬받았도다.
지혜롭고 밝은 아들딸이 아버지의 가르침을 따랐으니
아버지의 꿈을 처음 열어냈으니 큰 기쁨을 약속하였도다. 전

바꿀 수 있고말고
더불어 함께하면

꿈처럼 맞닥뜨린
아들이 뿌린 씨앗

풀뿌리 먼 날의 잎새
작은 걸음 춤춘다

욕천 최장호

한 집안 대문 앞에
별자리 쏟아졌네

아버지 아들딸이
글 솜씨 둘 없더니

글 씨앗 바다건너서
불러지는 노랫말

노산당 전향아

미리내 미르로다
해맑은 벼슬살이

아홉 길 깊은 골에
아들이 집을 지어

아배 뜻 섬기더니
길동 뜻도 풀었네

갑고 홍영표

풀 엮어 깨끗하게
글 지어 답하리라

벗들을 풀어주려
바른말 쫓겨나니

글 솜씨 닮은 딸 아들
이 집안의 보배다

안일당 이원희

오빠는 홍길동전
동생은 시인으로

한집안 글 솜씨에
세상이 놀라더니

시샘에 눈총이 많아
못다 핀 꽃 되었다

설전 임준신

바램과 드러남이
달라도 너무 달라

새저로 갈라져서
싸움판 끝이 없네

아버지 그리던 나라
아들 글로 남았네

우인 경우수

얼마나 겸손하고
맑아야 풀집 할까

아버지 꿈꾼 일이
길동전 학명 되니

오늘도 들여온다네
하늘 높은 깊은 골

가산 임봉훈

깨끗이 살으리라
글벗해 답하면서

어진이 되돌리려
쫓겨난 임이어라

아들들 글솜씨 닮아
큰일들을 해냈다

오남 이종관

부러져 이은 빗돌
무엇을 품었는가

살아선 나라걱정
죽어선 아들의 짐

선비의 깊고 힘든 길
즐김으로 헤쳤지

서천 조경휘

草堂公墓

안일당 이원희

秋晩駒城淑露寒 孟村深谷一封干
추 만 구 성 숙 로 한 맹 촌 심 곡 일 봉 간

苔青舊墓多經曆 蘚碧碑文判讀難
태 청 구 묘 다 경 력 선 벽 비 문 판 독 난

春傅花潭生菊竹 伸冤精庵頌芝蘭
춘 부 화 담 생 국 죽 신 원 정 암 송 지 란

清廉潔白任官裏 壯也斯翁萬世歡
청 렴 결 백 임 관 리 장 야 사 옹 만 세 환

늦가을 용인에 맑은 찬 서리 내리는데
맹리 깊은 골에 한 무덤을 찾았도다.
이끼낀 옛 묘는 오래됨을 알겠고
비문에 푸른 이끼 읽기가 어렵도다.
서화담 선생 문하에 국죽 같은 제자 낳고
조정암을 신원하여 지란으로 일컬었도다.
청백리로 뽑혀 칭송받으니
장하다! 공은 만세에 기쁨이로다.

草堂公墓

가산 임봉훈

朝夕暑天秋色寒 廣淵居甲處仁干
조 석 서 천 추 색 한 광 연 거 갑 처 인 간

水晶山麓許門列 鼎位海藏尋問難
수 정 산 록 허 문 렬 정 위 해 장 심 문 난

官職草堂廉潔頌 庇蔭筠士卓芝蘭
관 직 초 당 렴 결 송 비 음 균 사 탁 지 란

鶴鳴鄉約九皐聞 陵谷和聲千歲歡
학 명 향 약 구 고 문 능 곡 화 성 천 세 환

아침저녁의 여름하늘은 가을빛으로 서늘한데
넓고 시원한 居甲은 처인(國都, 城外)구에 있다.
수정산 기슭에 陽川 허씨 門閥墓가 줄지어있는데
海中에 숨긴寶庫처럼 찾는宰相자리가 쉽지 않네.
벼슬에 나아간 초당은 청렴결백하여 칭송하고
許筠은 조상의 음덕으로 우뚝 선 善人才子로다.
두루미 우는소리 鄕約은 九皐에서 들린다고 하니
능곡에 맞춘 가락 소리는 천세토록 즐거워하리다.

草堂公墓

오남 이종관

秋晩月明秋露寒 駒城孟里古墳干
추 만 월 명 추 로 한 구 성 맹 리 고 분 간

綠苔塚壠知多曆 蒼蘚碑文判讀難
녹 태 총 롱 지 다 력 창 선 비 문 판 독 난

靜庵伸寃歌菊竹 花潭門下誕芝蘭
정 암 신 원 가 국 죽 화 담 문 하 탄 지 란

淸廉頌讚三旬宦 鄕約施行萬世歡
청 렴 송 찬 삼 순 환 향 약 시 행 만 세 환

늦은 가을 달 밝은데 가을 서리는 차고
용인 맹리의 고분을 찾았더라.
이끼 낀 무덤은 여러 해를 겪었음을 알겠고
비문에 창선 끼어서 판독하기 어렵도다.
조정암을 신원케 하니 국죽으로 찬양되고
서화담 문하에 지란이 탄생했도다.
삼십년 환로에 청렴으로 찬송되고
향약을 시행케 하니 만세의 기쁨일세.

草堂公墓

서천 조경휘

秋色燦然天漸寒 龍仁許墓聞名干
추 색 찬 연 천 점 한 용 인 허 묘 문 명 간

列居家囿世嗟逸 層立斷碑人惜難
열 거 가 유 세 차 일 층 립 단 비 인 석 난

幼仰偉師修己石 官論賢俊勁邦蘭
유 앙 위 사 수 기 석 관 론 현 준 경 방 난

士留誠敬嗜深鮮 悠想草堂胸大歡
사 유 성 경 기 심 선 유 상 초 당 흉 대 환

가을 단풍 찬연 한기가 점점 들고
용인의 허씨 묘는 유명세가 들린다.
잘 꾸며진 가족 묘원은 세상 사람이 감탄 하는데
단절된 비석은 세상사의 어려움 애석히 하다.
어려서 위대한 스승을 앙망함은 수신의 바탕이요
현명하고 준걸한 인물을 추천함은 나라의 굳건한 향기.
선비는 정성과 공경을 기반으로 하나 깊이 즐기는 이 드문데
그윽이 초당을 생각하니 크게 기쁘구나.

초당공묘(草堂公墓)에서

세온스물아홉 번째 한가락 모임
때 : 4350(2017)년 9월 23일, 토요일, 맑음
곳 : 초당공묘 - 경기도 용인시 처인구 원삼면 맹리

秋分이 바로 어제인데 모든 햇살을 다 모아 놓은 듯 하늘도 그럭저럭 맑고 오늘은 아주 무더운 여름날처럼 덥다. 여름을 놓아 남겨 두려고 몸부림치는 여름의 안쓰러움을 느껴지는 날이다.

한주만 더 지나면 마음 설레는 연휴기간이 생긴다. 개천절과 추석연휴와 대체휴일 그리고 한글날로 최소 7일 최대 10일의 연휴가 생긴다. 해외로 뜰 들뜬 국민들은 많은 설렘이 있어 즐겁게 시간을 보내려고 궁리중이다. 그러나 우린 京畿道 龍仁市 處仁區 遠三面 孟里에 묻혀있는 조선중기의 문신인 許曄의 자취를 찾기로 했다. 아니 허균, 허난설헌 등에도 관심을 가지고 陽川 許氏門中 墓域을 목적지로 삼고 뛰어 갈 것이다.

살포시 눈으로 그림을 그려본다. 현재까지도 강원도 강릉에서는 草堂豆腐로만 이름이 널리 남아 있고 또한 초당두부의 기원이 된 인물을 찾는 신비함이 있을 것으로 보인다. 지금도 그 맛에 사람들을 매료된 사람들이 많다. 현대인의 건강식품으로 인정받고 있다.

각자 집에서 출발하여 수원역으로 모이기로 했다. 참으로 오랜만에 찾는 수원역이라 한가락회원들이 한동안 한곳으로 모이는데 한참의 시간이 흘러갔다. 수원역이 확장 변형되어 있어 기존의 지식이 혼란을 야기하였다.

수원문화재에서는 다음 주 내내 추석 연휴기간 동안에 수원화성과 화성행궁 무료입장과 남사당놀이 등 추석특별공연으로 다양한 전통문화를 체험할 수 있다고 한다. 이에 이번 주에 미리 방문하는 사람들이 여럿이 보이

며 분주하다. 올 추석은 임시공휴일과 대체휴일로 10일이나 되는 황금연휴로 가족과 함께 근교 여행하기에 딱 좋은 때다.

사람들로 가득 찬 분주한 迷路를 뚫고서 孟里로 가는 버스정류장을 찾아 이동하였다. 도심의 길과 같은 시골길을 따라 운행하는 버스를 타고서 한가롭게 창가를 보면서 몸도 맡기고 마음조차 맡기고 긴 시간동안 주저앉아 버린 시간처럼 이곳에 잠시 멈추어 버린 풍경들이 보인다.

1시 5분쯤에 미평리 버스정류장에서 내렸고, 허균묘소 안내 전봇대 앞 넓은 죽암대로 밑에 있는 굴다리 쪽으로 중관선생님은 발걸음을 옮긴다. 한가락회원 일행도 뒤따라 걸어간다. 가는 길에는 가을햇살처럼 따스함이 있어 이제 곧 추석이 가까이 오고 있는가. 길섶에는 잘 익은 밤이 방금 나뒹굴고 있어 밤알 몇 알 주워서 먹어보니 가을이 다 밤나무에서 여물어 감을 알겠다. 길옆의 긴담벼락에는 '맹리 주민 울리는 축사신축 철회하다' 등의 다양한 다수 현수막으로 걸려 있다. 사람들이 소고기 등을 많이 먹으니 이곳까지 육가공 생산지로 늘어남에 따라 농촌지역에 새로운 다툼이 생기나 보다. 넓게 터를 고르고 있는 땅이 보인다. 농협 목우촌 용인육가공 공장을 지나서 능안 앞들까지 걸어서 가니 바로 용인 맹골의 수정산 자락에서 내려온 줄기에 아늑하게 조성된 陽川 許氏門中 墓域에 1시 25분에 겨우 목적지에 도착했다. 묘역 입구에 세워진 薦奉記念碑가 회원일행을 반갑게 맞이한다. 묘를 옮긴 기념비인 薦奉記念碑는 본래 서울 서초동 등 흩어졌던 묘소들을 도시개발로 인하여 이곳으로 한자리에 옮겨졌고 이를 기념해 1968년 이 비석을 세웠다 한다고 한다.

중관선생님을 선두로 하여 許筠의 墓 뒤에 있는 父親 草堂 許曄의 묘에 이동을 하여 회원 일동은 공손히 참배를 마쳤다. 가족묘에 잠들어있는 草堂 許曄의 자손들이 전설 같은 활동을 시나브로 소나무 향기에 묻어나는 아픈 이야기를 듣는다. 허균이 반역죄로 몰려 사형을 당하자 草堂 許曄 墓碑가 두 동강 나 땅속에 묻혔다가 다시 붙여 세운 흔적이 있고, 또한 許筠의 墓는 시신도 없이 치러진 招魂葬으로 두 부인의 合葬墓라고 한다. 그리고 허균의 누이인 허초희의 묘는 시댁묘역에 있고, 許筬과 許篈의 墓

는 草堂 許曄의 墓에 3형제 모두 함께 있어 家族墓라고 할 수 있다. 조선시대 詩才가 뛰어났으나 가정의 삶이 불행했던 여류 시인 蘭雪軒 許楚姬의 詩碑도 마련되어 있다. 盈盈窓下蘭 枝葉何芬芬으로 시작하는 五言律詩가 詩碑에 적혀있다.

천봉기념비 뒤에 있는 신도비는 이 묘역을 대표하는 초당공 허엽의 신도비로 1582년에 세워졌는데, 穌齋 盧守愼이 비문을 짓고 石峯 韓濩가 썼다고 한다. 연화문을 조식한 대좌 위에 비신을 세우고 가첨석으로 위를 덮은 일반형 신도비다.

薦奉記念碑를 뒤로하고 보니 2시 15분으로, 곡기 시간을 한 참 넘기고 말았다. 이제 점심식사와 공부가 가능한 식당으로 이동하기로 하였다. 이 근방에는 식당이 하나도 없어 용인쪽 방향인 죽암대로를 따라 내려가기로 했다. 중관선생님을 비롯하여 모두 발걸음을 옮긴다. 걸어도 끝도 없이 식당은 보이지 않는다. 정말 얼마나 걸었을까. 1～2km을 족히 걸어가니 맹리 정류장 앞에 있는 2층 갈비탕집이 보인다.

따스한 햇살과 함께 죽암대로변 인도를 걸어보니 그냥 일방적으로 지나가는 차바퀴 소리와 약간의 매연, 그리고 아무렇게나 버려진 음료수병 등의 쓰레기가 초록의 풀잎사이로 삐죽이 내밀고 있어, 눈살을 찌푸릴 정도는 아니지만 그래도 큰 도로를 따라가는 풍경은 그리 '아름다워'라고 말할 수 없다. 秋分이 바로 어제인데 여름 한낮같이 더워만 간다. '아아 몸부림치는 여름이여 이제는 안녕'이라고 말하고 싶다. 인적이 드문 도로변에서 겨우 식당에 도착한 일행은 물부터 주문한다. 그리고 식사주문을 한다.

草堂 許曄의 자손들과 草堂 許曄公에 대한 중관 선생님이 준비하신 자료를 가지고 공부를 시작한다.

草堂公은 京畿道 龍仁市 處仁區 遠三面 孟里에 묻혀있는 조선 중기의 문신으로 자는 太輝, 호는 草堂, 본관은 陽川人이다. 羅湜, 徐敬德 등에게 학문을 익혔으며 문과급제 후 1551년 副敎理를 거쳐 掌令 때 罷職되었으나 弼善으로 재기하였고, 大司成을 거쳐 知製教로 있을 때 玉翠亭에 들어가 律詩로 화답하였고, 趙光祖의 伸寃을 청한 이유로 파직되었다. 그 후 다시 복직, 부제학을 거쳐 慶尙道觀察使에 임명되었으나 병으로 사임하였다. 그 뒤 同知中樞副使로 있을 당시에 尙州의 客館에서 돌아가셨다.

栗谷 李珥는 草堂公의 글에는 모순된 점이 많고 語意가 불통됨이 있다고 하고, 退溪 李滉도 만일 학식이 없었다면 지극히 착한 사람이라고 말했다. 30년간 관직 생활에서도 청렴결백을 하였다고 칭송함이 있고, 동인・서인의 당쟁 시 동인의 영수가 되었다. 進賀副使로 명나라에 다녀온 鄕約의 시행을 건의하였다. 三綱五倫行實 등의 편찬에도 참여하였다.

草堂 許曄公에 대한 모든 공부를 다 마치고 맹리정류장에서 수원방향이나 용인터미널로 가는 방향 중 빨리 오는 버스를 타고 가기로 했다. 10여 분만에 용인터미널에 가는 방향 버스가 왔다. 18시쯤에 용인터미널에 도착하여 서울행 18시 20분 고속버스를 타고서 창문을 보니 서쪽 땅거미는 사라지고 가로등 전등불에 눈이 부시게 한다. 이제 서울에 도착하니 지친 여정을 털어낼 수 있었다. 집에 도착하면 몸에 좋은 초당두부 요리로 다스려볼까 한다.

욕천 최장호 씀.

330. 도절제사공묘(都節制使公墓)에서

솔뫼라 서울이여
그 옛날 할아버지

일구신 크나큰 뜻
그 어이 잊으리까

언제나 어디에서나
그리움에 젖나니

최중관

▲도절제사공묘

▲읍벽문 앞에서

▲ 도절제사공 묘역

▲도절제공묘에 올라

330. 都節制使公墓(도절제사공묘)

都節制使公墓在慶尙南道晉州市大谷面柳谷里公諱承
도절제사공묘재경상남도진주시대곡면유곡리공휘승

幹全義人始祖太師公高麗開國二等功臣三重大匡全山
간전의인시조태사공고려개국이등공신삼중대광전산

侯諡聖節公高祖諱彦忠匡靖大夫政堂文學僉議評理藝
후시성절공고조휘언충광정대부정당문학첨의평리예

文大提學知春秋館事曾祖諱光起判事祖諱元茂開城府
문대제학지춘추관사증조휘광기판사조휘원술개성부

尹考諱龜漢城府尹妣貞夫人漆原尹氏判事茂女以恭愍
윤고휘구한성부윤비정부인칠원윤씨판사술녀이공민

王末年丁未生公高麗門閥貴族開京華閥權門世族士大
왕말년정미생공고려문벌귀족개경화벌권문세족사대

夫羨望名族也及長歷承寧府少尹副代言江原道都節制
부선망명족야급장역승령부소윤부대언강원도도절제

使江陵道都節制使判原州牧事慶尙右道都節制使也新
사강릉도도절제사판원주목사경상우도도절제사야신

朝太宗十六年丙申十一月六日領相河崙公享年七十咸
조태종십육년병신십일월육일령상하륜공향년칠십함

鏡道定平公廨先王陵寢巡審後急逝太宗領相女婿承幹
경도정평공해선왕릉침순번후급서태종령상녀서승간

公命來京殯所致奠也翌年丁酉公亦以無病名某日急逝
공명래경빈소치전야익년정유공역이무병명모일급서

晉陽大浦山子坐午向之方墳高麗墓制官葬也貞夫人晉
진양대포산자좌오향지방분고려묘제관장야정부인진

州河氏領相晉山府院君河嵛公二女生五南一女也讚曰
주 하 씨 령 상 진 산 부 원 군 하 륜 공 이 녀 생 오 남 일 여 야 찬 왈

特慤幽宮加補刪　領南稀貴方墳山
특 각 유 궁 가 보 산　령 남 희 귀 방 분 산

晉陽湖霧禮江䘰　智異雲峯松嶽顔
진 양 호 무 예 강 장　지 이 운 봉 송 악 안

麗代功門開閥族　鮮初小職守家橵
여 대 공 문 개 벌 족　선 초 소 직 수 가 산

朴淵瀑布永言唱　矗石樓檐天上鸛
박 연 폭 포 영 언 창　촉 석 루 첨 천 상 환

330. 도절제사공묘(都節制使公墓)

도절제사공묘는 경상남도 진주시 대곡면 유곡리에 있다.

공의 휘는 승간이요 전의 사람이다.

시조 태사공은 고려 개국이등공신 삼중대광 전산후이다.

시호는 정절공이다.

고조의 휘는 언충이요 광정대부 정당문학 첨의평리 예문대제학 춘추관사를 맡았다.

증조의 휘는 광기요 판사이다.

조의 휘는 원무요 개성부윤이었다.

고희 휘는 구요 한성부윤이었다.

어머니 정부인은 칠원윤씨로 판사 무의 딸이다.

공민왕 말년 정미년에 공을 낳았다.

고려 문벌로 귀족이었다. 개경의 화려한 권세 있는 집안으로 대대손

손 사대부의 집안으로 부러움을 사는 이름있는 집안이다.

성인이 되어 승령부 소윤 부대언 강원도절제사 강릉도 도절제사 원주목사 경상우도도절제사를 역임하였다.

신조 태종 16년 병신 11월 6일 영상 하륜공이 향년 70세 때에, 함경도 정평공해에서 선왕의 산소를 순회한 뒤에 어느 날 급서하였다.

이에 태종이 영상의 사위인 승간(承幹)을 불러 명하기를, "서울로 올라오라." 하고 빈소에 예를 다하게 했다. 다음해 정유년에 공 또한 병명도 없이 어느 날 급서하였다. 진양 대포산 자좌 오향에 방분하여, 고려묘제도로 나라에서 장사지내 주었다.

정부인은 진주하씨로 영상 진산부원군 하륜공이 둘째딸이었다.

5남 1녀를 출산하였다.

기려 노래하노니,

특별한 정성으로 다듬어 깎은 산소
영남의 드믈고 귀한 방분이로세.
진양호수의 안개는 예성강의 장옷이요
지리산 구름봉우리는 개성의 송악산얼굴이로다.
고려의 문을 연 공신으로 문벌있는 집안인데
조선초 작은 벼슬로 대문 빗장을 지켰도다.
박연폭포 앞에서 시조창을 읊는 소리
촉석루 처마 끝에서 하늘을 나는 듯하도다. 전

살아서 낮은 자리
죽어서 높은 뜻아

모두가 둥글둥글
나만은 반듯반듯

솔 눈물 버릴 수 없어
끈적끈적 배인다

욕천 최장호

아버지 가시버시
두 분을 함께 잃고

그리워 눈물 짓긴
아들딸 여섯이라

무서운 남들 손가락
강해지는 어머니

노산당 전향아

열린 재 서울이라
그 옛적 할아버지

일구어 남기신 뜻
꿈엔들 잊으리까

언제나 어딜가나
사무치는 그리움

갑고 홍영표

즈믄 길 구불구불
붉은 불 뫼마루에

어진 님 눕자리가
탁 트여 시원하다

바른 길 이은이들이
큰 집안을 이뤘다

안일당 이원희

솔뫼를 일구신 뜻
붉은 문 우뚝하다

큰 어른 사시던 곳
발걸음 멈춰지니

네모난 늪자리 앞에
다시 한 번 놀라며

설전 임준신

그 옛날 할아버지
크신 뜻 잇고 이어

아들에 그 아들들
그 뒤를 따르면서

숨겨진 그 속 받들어
길이길이 빛내네

우인 경우수

천리 길 멀다마라
남강이 반겨준다

찾아낸 숨은 보배
흙무덤 네모라네

타향 꿈 이루지 못해
그립도다 고향 꿈

가산 임봉훈

즈믄 길 찾아간 골
눕자리 반듯하다

찾아간 가시아비
무너진 큰 뜻이여

내 집안 이어 이어온
임이 있어 더한다

오남 이종관

깊이도 간직했네
모시던 나라의 것

어렵게 바뀌어도
집안은 번뜻하게

온 사람 부러워하네
훨훨 높이 날으고

서천 조경휘

都節制使公墓

안일당 이원희

秋孟晉州暑氣刪 奉尋與友一封山
추 맹 진 주 서 기 산 봉 심 여 우 일 봉 산

偉容智異丈夫頰 淨水洛東妝女顔
위 용 지 이 장 부 협 정 수 락 동 장 녀 안

救命圖生麗代閥 世家勳舊李朝欑
구 명 도 생 려 대 벌 세 가 훈 구 이 조 산

方墳必守遺言疊 死後前王讚頌鸛
방 분 필 수 유 언 첩 사 후 전 왕 찬 송 환

초가을 진주에 더위는 갔는데
벗들과 함께 한 묘를 찾았도다.
지리산 위용은 장부모습을 닮았고
낙동강 맑은 물은 고운 얼굴같도다.
고려조의 훈별이 구명도생하는데
공훈의 세가가 이조에서 빗장을 닫았도다.
방분을 꼭 지키라 유언을 거듭하여
죽은뒤나마 전왕을 기려 나부끼리로다.

都節制使公墓

가산 임봉훈

探谷騷人韻律刪 筆鋒源究寶藏山
탐 곡 소 인 운 률 산 필 봉 원 구 보 장 산

康州演史方墳體 長嶺奇緣苔碑顏
강 주 연 사 방 분 체 장 령 기 연 태 비 안

河李逝因陳露闓 咸差鄉夢遏雲櫰
하 리 서 인 진 로 개 함 차 향 몽 알 운 산

考兮治亂渦盤裏 當日悲歌永世鹮
고 혜 치 린 와 반 리 당 일 비 가 영 세 환

柳(楡)谷을 탐방한 소인은 韻律을 刪改하는데
필봉根源의 究明은 감추고 있는 山氣가 寶庫로다.
진양 역사의 사실을 상세陳述한 방분이 體鏡인데
永興의 奇言과 因緣은 이끼 낀 碑가 얼굴이로다.
河崙 李承幹의 急逝원인을 陳露하여 닫힘을 여니
함흥차사가 꾸었던 고향 꿈은 빗장이 遏雲이로다.
곰곰이 살피고 살핌이여! 治亂의 소용돌이 속에
그날의 슬픈 노래는 영세토록 돌고 날아오르리라.

都節制使公墓

오남 이종관

千里晉州路贐刪 老身曳杖探封山
천 리 진 주 노 신 산 노 신 예 장 탐 봉 산

洛東淨水似豊頰 智異偉容如瘦顔
낙 동 정 수 사 풍 협 지 리 위 용 여 수 안

勳閥世家麗代閃 圖生救命李朝櫰
훈 벌 세 가 여 대 섬 도 생 구 명 이 조 산

遺言疊疊方墳守 死後其中王頌鸛
유 언 첩 첩 방 분 수 사 후 기 중 왕 송 환

천리 진주 길에 노자가 깎였으니
늙은 몸이 지팡이에 의지하여 봉산을 찾는다.
낙동강 맑은 물은 포근한 볼때기를 닮았고
지리산 우뚝함은 수척한 얼굴에 위엄이 있도다.
고려조 훈벌세가로 빛났었지만
이조에서 구명도생할 뿐 활로의 문을 닫았도다.
방분을 지키라고 거듭 유언하니
사후에라도 그 안에서 여조를 칭송하며 나부끼리로다.

都節制使公墓

서천 조경휘

黃葉青苔暑氣刪 晉州一處方墳山
황엽청태서기산 진주일처방분산

上岡昆儼威望貌 下崥弟純平澹顔
상강곤엄위망모 하비제순평담안

官職生前繁裔礎 幽宮死後矜持櫰
관직생전번예초 유궁사후긍지산

高麗遺閥難新國 仰羨名門全義鹮
고려유벌난신국 앙선명문전의환

붉은 잎 푸른 이끼는 더운 기운을 깍아 내리고
진주 한 곳의 산에는 네모진 산소.
윗 언덕에 형의 무덤 의젓함이 앙망의 모습
아래 산기슭 동생의 무덤 온화함이 평정과 안정된 얼굴.
생전의 관직을 지냄은 번성한 후예의 초석이 되고
사후의 무덤은 긍지를 지키는 빗장.
고려 훌륭한 집안은 새로운 나라에 어려움을 겪으나
우러러 부러운 명문집안 전의이씨는 훨훨 나르는구나.

도절제사공묘(都節制使公墓)에서

세온서른 번째 한가락 모임
때 : 4350(2017)년 10월 28일, 토요일, 맑음
곳 : 도절제사공묘 - 경상북도 진주시 대곡면 유곡리

檀紀 4350년(2017) 10월 28일이다. 첫 닭울음이 새벽잠을 깨운다. 自鳴鍾(鼓)이다. 부산해진다. "진주라 천리 길" 노랫말이 귓전에서 맴돈다. 千里 길 晉州를 가야한다. 채비(差備)를 차린다. 어두운 새벽길에 집을 나선다. 출발시간을 맞추어 가야한다. 경기도 一山에서 舍堂까지는 약 두 시간거리이다. 출발은 7시 30분이다. 새벽바람이 차갑다. 總務職 28년차의 魯山堂은 반갑게 맞이한다. 김 향내가 피우는 飮料水 한잔이 따사롭다. 中觀 崔權興 선생님을 비롯하여 甲皐 洪永杓, 浴川 崔章鎬, 安一堂 李元熙, 雪筌 任準臣, 又仁 慶佑秀, 石艸 洪五善, 佳山 任奉壎, 조경휘, 魯山堂 全香阿는 25인승 승합차에 오른다. 그리고 東天의 塾伯이신 梧南 李鍾寬 변호사님은 승용차로 7시에 출발하였다는 傳喝이 온다. 주말인 오늘도 늦어지고 있다. 휴게소에 들어간다. 거른 아침식사를 챙겨야한다. 많은 차량들이 주차공간을 매우고 서 있다. 經濟規模 세계 10위권의 位相이 아닐까? 바쁜 걸음으로 차에 오른다. 짙게 물든 丹楓길 고속국도를 달린다. 남행한다. 豐饒로운 收穫의 계절이다.

茂朱九泉洞, 덕유산里程標가 눈에 들어온다. 소백산자락이다. 白頭山에서 흘러내린 산, 白衣민족의 白頭大幹이다. 德裕山은 伽倻山과 頭流山(智異山)으로 連峯하면서 東, 西, 南으로뻗어 내린다. 由緖 깊은 咸陽군 山淸군이 있다. 아름다운 자연과 함께 하면서, 옛 부터 名士들이 많은 고장이다. 深深山川에서 흐르는 맑은 물은 晉陽湖를 가득 채운다. 義巖이 있는 矗石

樓 앞으로 흘러간다. 晉州南江이다. 다락 앞 江邊에는 푸른 竹林 밭이어서 意味를 더한다. 강물과 아우르면서 名聲 높고 辭緣과 事緣도 많은 洛東江 七百里를 南旨에서 만나 부산앞바다로 합류한다.

아름다운 강 아름다운 教育都市 晉州市이다. 市는 大谷면과 남북으로 강을 경계로 하고 있다. 느릅나무 골 깊숙한 곳에 柳(楡)谷里가 있다. 이곳에 '都節制使公墓'가 있다. 정오가 가까워오고 있다. 바쁜 일정이다. 산허리에 墓域이 있다. 風水地理說에 버금가는 後孫들의 崇祖思想을 극찬한다. 명당이다. 探客(騷人)들이 오는 것을 알고 오신 宗人들의 면면을 살펴보기로 한다. 서울에서 李碩鎬, 李浚鎬, 李漢善, 李漢雄. 부산은 李教榮, 李教園, 李龍鎬, 李俊鎬, 李東奎. 창원에서는 李在鎬, 李桂鎬, 李得鎬, 李潤鎬, 李漢傑, 李漢雄(창원), 李漢雄(밀양), 李相斗, 李殷相. 여러분이다. 茶果를 진설하고 梧南 선생은 祝文을 낭송한다. 東天庠序의 대표로 又仁, 佳山 그리고 조경휘는 冠帶之體로 禮를 올렸다. 2시가 가까워진다. 시간부족으로 준비된 現場강습을 미루게 되었다. 宗中에서 정성껏 마련한 盛饌이 기다리고 있다. 고개 숙여 감사를 드린다.

都節制使公墓란 어떤 곳인가?

李氏朝鮮 초기로 거슬러 올라간다. 왕자의 난으로 세자 芳碩이 죽은 뒤(1398年. 태조 7)에 太祖 李成桂는 정치에 뜻이 없어 位를 定宗에게 물려주고 고향땅 咸吉道의 永興에서 蟄居한다. 태종이 卽位한 후 成石璘을 보내어 歸京하게하였다. 그러나 1402년(태종 2)에 다시 東北方으로 간 채 돌아오지 않았다. 왕 太宗이 差使를 보냈으나 차사도 돌아오지 않았다. 이때부터 전설 같은 역사기록은, 命에 의하여 갔다가 돌아오지 않는 것을 "咸興差使(함흥차사)"라 부르게 되었다. 高麗. 朝鮮 兩朝에서 河崙은 都觀察使, 政堂文學, 右議政, 領議政府使 등 宰相에 오른 뒤 70세(1416년)에 致仕한다. 晉山府院君에 피봉되었다 시호는 文忠公이다. 太宗의 命으로 先王의 능침을 巡審하고 돌아오는 귀로에 죽는다. 태종의 두터운 신임을 받았다. 그의 둘째사위 李承幹은 全義人으로 承寧府少尹 副代言 江原道都節制使 慶尙右道都節制使 등을 역임한 權門世族 士大夫門閥이다. 기록에 의하면 사위

承幹公 역시 太宗의 命에 의하여 文忠公 河崙을 찾아갔다가 無病이었는데도 急逝로 돌아오지 못 하였다고 하는 죽음이다. 그 길은 살아서 돌아올 수 없는 稀貴한 歷史속의 奇言이다. 後人들에게 교훈을 주고 있다. 開國初期의 정치적 혼란 속에 王子亂이라는 변란을 겪으면서도 고려墓制方墳은 오늘날까지 原形대로 保存하고 있다. 貴中한 역사문화유산이다. 白頭運氣를 받은 德裕山, 頭流山, 伽倻山, 晉陽에서 소중한 역사를 간직하여 왔다. 明所이다. 方墳과 承幹公墓, 文忠公 河崙, 그리고 '함흥차사'를 되새겨보고 反芻하는 시간이 되었다. 파벌, 지역감정, 왕권? '권력은 무상하다.'

오늘날 大韓民國은 彈劾時代에 살고 있다. '人生은 無常하다' 시중에서 흔히 들어본 弄半 眞半의 말이었는데 '權力은 無常하다'라는 글자로 新聞에서 特筆한다. 웃어넘겨야 할까. 나라의 반 토막 북쪽에는 3代를 獨裁하고 있는 王國이다. 大韓民國은 民主主義 國家이다. 광복 후 금수강산 鯷域에서 불행하게도 6.25사변을 겪으면서 體制싸움을 치열하게 하여왔다.

韓, 美, 北의 정치 劇은 幕을 올렸다. 時局을 속단할 수도 없다. 天命에 의지하여야 하나? 나라를 運命, 殞命에 맡길 수는 없는 것이 아닌가. 德不孤의 偉人을 기다려보자. 保衡時代가 오기를! 기다려 보자. "王朝시대나 民主國家시대나 政治權力 앞에서는 無常하다."라는 것을 깨닫게 한다. 監獄에 大統領을 가두어야 하고 總理, 長官, 企業人들은 法的 判決을 기다려야 한다. 불행하다. 어진백성은 勞力한만큼 평화롭게 사는 좋은 국가를 바라고 있다. 잊어서는 아니 될 역사속의 한 시대를 吟味하면서 戊戌年을 기대한다.

佳山 任奉壎 씀.

331. 어우당묘(於于堂墓)에서

홀로된 몸이러니
아무런 생각 없고

이름도 글자대로
소리만 남아 있어

얼굴을 다듬을쏘냐
그냥 그리 살련다

최중관

▲ 어우당묘

▲ 어우당묘 앞에서

▲ 어우당 묘비

▲ 어우당 공부를 하며

331. 於于堂墓(어우당묘)

於于堂墓在京畿道加平郡加平邑下色里公諱夢寅字應
어 우 당 묘 재 경 기 도 가 평 군 가 평 읍 하 색 리 공 휘 몽 인 자 응

文高興柳氏曾祖諱依高山縣監祖諱忠寬司諫考諱樘濟
문 고 흥 유 씨 증 조 휘 의 고 산 현 감 조 휘 충 관 사 간 고 휘 탱 제

用主簿贈吏曹判書興瀛君妣貞夫人驪興閔氏參奉褘女
용 주 부 증 이 조 판 서 흥 영 군 비 정 부 인 여 흥 민 씨 참 봉 위 여

以朝鮮明宗十四年己未十一月生公自幼穎異孤高獨修
이 조 선 명 종 십 사 년 기 미 십 일 월 생 공 자 유 영 이 고 고 독 수

十歲始學十九史略於伯兄夢獅輕銳速度通讀經傳至作
십 세 시 학 십 구 사 략 어 백 형 몽 사 경 예 속 도 통 독 경 전 지 작

詩亦續出警句也其後受學於司成宋承禧南窓金玄成特
시 역 속 출 경 구 야 기 후 수 학 어 사 성 송 승 희 남 창 김 현 성 특

性理學受學於牛溪成渾又古文古詩受學於申濩也書體
성 리 학 수 학 어 우 계 성 혼 우 고 문 고 시 수 학 어 신 호 야 서 체

成一家白沙月沙皆同學也文科後歷刑部佐郎江原道都
성 일 가 백 사 월 사 개 동 학 야 문 과 후 역 형 부 좌 랑 강 원 도 도

事正言弘文館修撰壬辰年以明使節歸路隨行宣祖且以
사 정 언 홍 문 관 수 찬 임 진 년 이 명 사 절 귀 로 수 행 선 조 차 이

李如松問安使交遊明兵部侍郎宋應昌受高禮遇也亂後
이 여 송 문 안 사 교 유 명 병 부 시 랑 송 응 창 수 고 예 우 야 난 후

歷三道巡按御使同副承旨都承旨大司成禮曹參議黃海
역 삼 도 순 안 어 사 동 부 승 지 도 승 지 대 사 성 예 조 참 의 황 해

監司大司諫以仁穆大妃教書事件隱退也光海君元年以
감 사 대 사 간 이 인 목 대 비 교 서 사 건 은 퇴 야 광 해 군 원 년 이

聖節使兼謝恩使行北京歸後任南原府使進階嘉義大夫
성절사겸사은사행북경귀후임남원부사진계가의대부

封瀛陽君五十六歲漢城左尹翌年大司諫吏曹參判弘文
봉영양군오십육세한성좌윤익년대사간이조참판홍문

館藝文館提學兼任也五十九歲仁穆大妃廢位贊成署名
관예문관제학겸임야오십구세인목대비폐위찬성서명

回避隱退文集整理也月沙推薦公於大提學婉曲拒絶入
회피은퇴문집정리야월사추천공어대제학완곡거절입

金剛山表訓寺以癸亥之變移於鐵原寶蓋山交遊詩僧彦
금강산표훈사이계해지변이어철원보개산교유시승언

機與雲桂問答詩中老寡婦詞曰七十老寡婦端居守空壼
기여운계문답시중노과부사왈칠십노과부단거수공곤

慣誦女史詩頗知姙姒訓傍人勸之嫁善郎顏如槿白首作
관송여사시파지임사훈방인권지가선랑안여근백수작

春容寧不愧脂粉其後以舊王復位運動之罪目仁祖一年
춘용령불괴지분기후이구왕복위운동지죄목인조일년

八月五日被禍享年六十五也嗚呼世人兮其寡婦之節知
팔월오일피화향년육십오야오호세인혜기과부지절지

乎不知乎惜哉於于寡節之眞意兮讚曰
호불지호석재어우과절지진의혜찬왈

白染堪輿大雪先　加平深谷一墳蠲
백염감여대설선　가평심곡일분견

青松風下備陽地　文化財登添國緣
청송풍하비양지　문화재등첨국연

奇說街談刊特冊　能詩輕性信眞佺
기설가담간특책　능시경성신진전

於于堂號隱何意 寡婦歌中終失賢
어 우 당 호 은 하 의　과 부 가 중 종 실 현

331. 어우당묘(於于堂墓)

어우당묘는 경기도 가평군 가평읍 하색리에 있다. 공의 휘는 몽인이요 자는 응문이다. 고흥유씨이다. 증조의 휘는 의요 고산현감이다.

조의 휘는 충관이요 사간이다.

고의 휘는 탱이요 제용주부이다.

이조판서, 흥영군으로 증직되었다.

어머니 정부인은 여흥민씨 참봉 위의 딸이다. 조선 명종 14년 기미년 11월에 공을 낳았다.

공은 어려서부터 영특하여 고고하였고, 홀로 공부하였다. 10세에 비로소 십구사략을 백형인 몽사에게 배웠고 날카로운 속도로 사사받으며 경전을 읽어 시를 잘 지었다.

시를 짓는데 보는 사람들이 놀랄만한 경구가 많았다.

그 뒤에 학문을 사성 송승희와 남창 김현성에게 공부했고, 특히 성리학을 우계 성혼에게서 배웠다.

또 고문과 고시는 신호에게 수학하였다. 서체도 일가를 이뤘는데 백사와 월사와 함께 문과 후에 형부좌랑 강원도사 정언 홍문관 수찬을 역임하였다.

임신년에 명나라 사절로 갔다가 귀로에 선조를 수행하였고, 또 이여송과 문안사로서, 명나라 병부시랑 송언창과 교류하며 높은 예우를 받았다.

난리 뒤에 삼도순안어사 동부승지 도승지 대사성을 지나 인목대비

교서사건으로 물러났다.

광해군 원년에 성절사와 사은사를 겸하였고, 귀경 후에 남원부사로 임명되었다가 가의대부에 올라 영양군에 봉해졌다. 56세에 한성좌윤이 되어 다음해에 대사간 이조참판 홍문관 예문관제학을 겸임하였다.

59세에 인목대비 폐위에 찬성하는 서명을 회피하고 은퇴하여 문집을 정리하였다.

월사가 공을 대제학으로 추천하였으나 완곡하에 거절하였다.

금강산 표절사로 들어갔다. 계해년 인조반정으로 철원 보개산으로 옮겨가 스님 언기와 운계로 시로 문답하며 교류하면서 노과부사란 시를 지었다.

70 노과부가 있는데
단정히 홀로살면서
습관적으로 여사시를 외운다
자못 태사 태임을 배워 알았고
옆 사람이 시집가기를 권하며
좋은 잘 생긴 사람이 있다고 하네
백수에 춘용을 지으니
어찌 얼굴 꾸밈을 부끄러워하지 않겠는가

그 후에 옛 왕을 복위 하려는 운동에 죄목을 씌워 인조 1년 8월 5일에 화를 입어 향년 65세에 돌아갔다.

오호라! 세상 사람들이여 그 과부의 절개를 아는가 모르는가, 아깝도다. 과부의 절개시의 진짜 뜻이여.

기려 노래하노니,

하얗게 물들일 하늘땅 대설이 며칠 앞인데
가평의 깊은 계곡엔 한 무덤이 깨끗하도다.
푸른 솔바람 아래 양지를 갖추었고
문화재등록으로 나라와 인연을 더하였네.
거리에 떠도는 기이한 이야기 특별한 책을 만들었고
시에 능하였고 성품이 가벼움을 참 신선으로 믿었다.
어우당이란 호 속에는 무슨 뜻이 숨었는고
과부가란 노래 속뜻을 못 읽은 이들 마침내 어진이를 잃었도다.

전

할 말을 이리하나
눈발이 쏟아진다

뜻풀인 알쏭달쏭
읽은 이 맘이지만

저 한 올 캐 올린 뜻을
바로 보라 빙그레

노산당 전향아

이 몸이 홀로되니
생각도 있을러냐

어우라 이름하니
소리만 역력하네

얼굴을 꾸며볼소냐
생긴대로 가련다

갑고 홍영표

길 아닌 안 가련다
마주한 과부노래

끝끝내 버티다가
먼먼 길 가셨도다

남은 글 임을 기려서
오늘에도 읽힌다

안일당 이원희

남기신 글을 보면
쉬운 듯 어려운 듯

그때 일 본 듯하여
웃음이 절로난다

어우동 뜻풀이 없어
더욱 크게 보인다

설전 임준신

홀로된 늙은 얼굴
눌 위해 곱게 할까

글 속을 바라보면
그 마음 알려마는

억지로 글풀이하여
일을 그리 벌렸나

우인 경우수

해 뜨는 나라에서
응문이 꿈을 꾼다

벗들과 지난 나달
높은 듯 스승 일세

그 많은 노랫말 속에
어우과절(於于寡節) 아쉽다

가산 임봉훈

미르묘 아주 밝고
밝아서 시름자리

말린다 들을소냐
부르리 과부노래

살포시 내리는 눈이
한가락을 반긴다

오남 이종관

누구의 자리인가
하늘이 보살핀 곳

으뜸이 머무르네
멀리 본 굳은 선비

어제와 오늘 맺으니
그 이름도 드높네

서천 조경휘

於于堂墓

안일당 이원희

探訪於于大雪先 加平下色一封蠲
탐 방 어 우 대 설 선 가 평 하 색 일 봉 견

石人綠蘚長年歷 碑碣青苔絶世緣
석 인 록 선 장 년 력 비 갈 청 태 절 세 연

奇話怪談編撰冊 能詩絶唱是眞佺
기 화 괴 담 편 찬 책 능 시 절 창 시 진 전

歌中寡婦自稱肯 卓節堂堂終失賢
가 중 과 부 자 칭 긍 탁 절 당 당 종 실 현

어우당 선생묘를 찾아 대설에 나서니
가평 하색리에 한 무덤이 정결하도다.
문석에 낀 이끼는 세월이 오램을 말하고
푸른 이끼는 속세의 인연 끊음을 알겠도다.
기화괴담 모아 어우야담집을 저술하고
시에 능하고 절창이니 진실로 신선이로다
과부로 자칭 시를 지어 광해 기피다가
높은 절개로 끝내 어진 이를 잃었도다.

於于堂墓

가산 임봉훈

天祿加平峻筆先 於于異說典墳蠲
천 록 가 평 준 필 선 어 우 이 설 전 분 견

鷲峯積雪神工秘 盤壑停雲騷客緣
취 봉 적 설 신 공 비 반 학 정 운 소 객 연

自幼孤高通讀夢 與兄德器詠詩佺
자 유 고 고 통 독 몽 여 형 덕 기 영 시 전

北江曲水流觴唱 堂號隱藏何意賢
북 강 곡 수 유 상 창 당 호 은 장 하 의 현

하늘이 복록을 내려준 가평은 준필을 우선하는데
어우의 특이한 애기는 밝고 맑은 典籍의 분묘이다.
수리봉에 차곡차곡 쌓인 눈은 신이 만든 비경인데
반곡에 머무는 구름은 소객과 騷氣로 인연하도다.
어릴 때부터 고고하여 꿈꾸며 글을 읽었는데
형과 더불어 덕기로 詩를 지어 읊으니 신선이로다.
북한강 굽이치며 흐르는 물에 잔 띄워 노래하는데
당호에 숨기고 감추어진 어짊은 참뜻이 무엇일꼬.

於于堂墓

오남 이종관

尋訪於于大雪先 加平下色一墳䵷
심 방 어 우 대 설 선 가 평 하 색 일 분 견

碧苔墓塚離塵界 蒼蘚碑銘絶俗緣
벽 태 묘 총 이 진 계 창 선 비 명 절 속 연

怪說奇談編巨冊 能詩飄話許眞佺
괴 설 기 담 편 거 책 능 시 표 화 허 진 전

嗚呼卓節萬年讚 寡婦韻成終失賢
오 호 탁 절 만 년 찬 과 부 운 성 종 실 현

때는 대설 전에 어우당 유몽인(柳夢寅) 묘를 찾으니
가평 하색리에 한 무덤이 정결하구나.
벽태 낀 무덤은 진세를 떠난 듯 보이고
창선비명은 속세의 인연을 끊었도다.
괴설기담을 모아 어우야담이란 큰 책 저술하고
능한 시와 재주있는 화술은 신선을 닮았다는 평을 받는도다.
공의 높은 절개는 만년토록 기리나니
시에서 과부로 자칭함으로써 그는 필경 어진 선비가 억울한 최후를 맞는도다.

於于堂墓

서천 조경휘

秋渡迎冬初雪先 加平一處明堂蠲
추 도 영 동 초 설 선 가 평 일 처 명 당 견

左龍右虎地氛結 前闊後連天運緣
좌 용 우 호 지 분 결 전 활 후 련 천 운 연

警句詩章才學士 翹盱眼目神通佺
경 구 시 장 재 학 사 교 천 안 목 신 통 전

不移節義人人鑑 惟樂從心文筆賢
불 이 절 의 인 인 감 유 락 종 심 문 필 현

가을이 지나 겨울을 맞이하니 첫눈이 먼저 내리고
가평 좋은 곳에 명당이 깨끗하다.
좌청룡우백호 땅기운 결집하고
앞은 광활, 뒤는 연이은 모습 천운의 인연이요.
놀라운 문구의 시, 문장 재기와 학문이 겸비한 선비요
빼어나게 멀리 보는 안목 신통한 신선이로구나.
절의를 변하지 않음은 사람마다 거울이 되고
오직 마음 따라 즐기니 문필가의 어짐이라.

어우당묘(於于堂墓)에서

세온서른한 번째 한가락 모임
때 : 4350(2017)년 11월 25일, 토요일, 눈
곳 : 어우당묘 - 경기도 가평군 가평읍 하색리

오늘은 한가락 역사탐방 삼백서른한 번째 경기도 가평(加平)에 있는 고흥(高興) 유어우(柳於于) 공(公)의 유적(遺跡)을 찾아 가는 날이다. 며칠 전부터 노산당은 날씨가 추울 테니 옷을 따듯하게 챙겨 입고 나오라고 여러 번 당부(當付)를 했다. 날씨는 약간 차고 흐리다. 부지런히 채비(差備)를 하고 역(驛)으로 향했다.

방이역에서 승차하여 군자역에서 갈아타고 집합장소인 상봉역에 이르러 출구로 나가보니 꽤 일찍 갔는데, 이미 설전과 노산당이 도착해 대합실 의자에 앉아 얘기를 하고 있다가, 내가 오는 것을 보고 아는 체를 한다. 회원 몇이 사정이 있어 참석치 못한다 하고, 오늘은 몇 분이나 오시려나? 약속시간이 다가오니 차츰 회원들의 모습이 보이기 시작했다. 조서천이 오고 동천서숙과 강남문화원에서 선생님께 수강하는 김두식님, 서정원님, 변중근님, 최선규님, 한홍식님, 문중 유제항님이 오시고, 이미 급행을 타고 몇 정거장 앞에 가 계시다는 분도 있단다. 오늘도 선생님께서는 검정 잿빛 두루마기를 단정히 차려입으시고 나오셨다.

올 분들이 다 오시고 우리는 지상(地上) 경춘선 승강장으로 올라가니, 10시 14분 춘천행열차는 정차(停車)해 승객을 기다리며 대기(待期)하고 있다. 우리가 열차(列車)에 오르니 열차 가운데 양편(兩便)이 거의 우리 회원들로 채워졌다. 조금 있다 열차가 출발하고 앞으로 몇 정거장 더 가다 호평역에서 윤석중님이 올라 우리와 함께 합류(合流)했다. 창밖엔 희끗희끗 눈발이 날린다. 김두식님과 옆에 앉아 이런 저런 이야기를 하다 보니 자연스

레 요즈음의 시사(時事)에 관한 이야기가 나왔다. 참 우리나라는 열강들 사이에 끼어 참 어려운 경우가 많은데, 요즈음 나라를 책임지는 사람들의 언행(言行)을 보면 참 안타까운 마음을 지울 수가 없다. 어떻게 전임(前任) 대통령은 임기(任期)를 다 마치지 못하고 감옥(監獄)에 가 있으며, 그 많은 똑똑한 참모(參謀)들은 어찌 평범한 아녀자에 밀려 일이 이지경이 되도록 하였는가. 진작부터 여러 조짐(兆朕)이 있었는데, 참으로 안타까운 마음 금(禁)할 수가 없다. 이런저런 애기를 하다 보니 열차(列車)는 어느덧 한 시간이 지나 가평역(加平驛)에 이르렀다.

역(驛)에는 문중분이 나오셔서 우리를 기다리고 있었다. 우리는 택시 2대를 더 불러 타고 공(公)의 묘소(墓所)로 향했다. 공(公)의 묘소(墓所)는 이 지역 명소(名所)이어서인지 기사(技士)들도 공(公)의 이름을 대니 단번에 알고 있었다. 택시를 타고 한 2~3km 갔을까, 산 입구(入口)에 도착하니 전에 선생님께 강의를 같이 듣던 지언호씨와 문중 분들이 와계셨다. 알고 보니 지언호씨는 이 고장 출신이라고 한다. 우리는 새로 낸 진입로(進入路)를 눈을 맞으며 올랐다. 노산당은 길이를 조절할 수 있는 지팡이를 길이를 조절하여 선생님께 드리고 조서천과 함께 선생님을 부축해 드렸다. 묘소는 그리 높지 않았으나 노인으로서는 힘든 길이었다.

구불구불 두어 구비를 돌아 올라가니 공(公)의 묘소가 나타났다. 공(公)의 묘소(墓所)는 여말(麗末) 무신(武臣) 이방실 장군 묘소(李芳實將墓所)와 이웃하고 있었다. 어우당 묘역(墓域)은 세 분 상이 위에서 차례로 조성되어 있는데 맨 위에 어우당 묘소(墓所)가 있었고, 그 밑에 그의 자제(子弟)분 유약(柳瀹)공(公), 그리고 그 밑에는 그의 후손(後孫)이 나란히 있었다. 묘소는 잔디가 곱게 입혀져 있고 가운데에 상석(床石)이, 오른쪽에 비석(碑石)이 그리고 그 앞 좌우에 문인석(文人石)이 세워져 있다. 우리는 묘소(墓所) 앞에서 옷깃을 단정히 여미고 공(公)에 대한 예(禮)를 묵념(默念)으로 올렸다. 선생님께서는 우리 한가락이 이 앞을 여러 번 지났는데 여기에 와보니 가평의 산 모습이 이렇게 좋은 줄을 몰랐다며 공(公)의 묘소(墓所)의 산세(山勢)를 칭찬(稱讚) 하셨다. 이어 문중(門中)의 전 총무(總務) 일을 보셨던 유

정식님에게 공(公)의 묘소(墓所)에 대한 저간의 사정(事情)을 들었다.

공(公) 은 사후 절손(絶孫)이 되어 향사(享祀)가 어려웠는데 방계(傍系)손(孫)들이 뜻을 모아 묘소(墓所)를 관리하고 제사(祭祀)를 모셔오다가 몇 년 전부터 문화재(文化財) 지정(指定)을 추진(推進)하여 그간 조성(造成)되었던 묘소(墓所)가 조선조(朝鮮朝)의 묘제(墓制)와 맞지 않아 묘(墓)의 호석(護石)을 뜯어내고 사학자(史學者)들의 고증(考證)을 거쳐 오늘의 모습을 갖춰, 지난여름 가평문화재(加平文化財)로 지정되었다고 한다. 묘비(墓碑) 전면(前面)의 관직(官職)은 해서(楷書)로, 시호(諡號)와 휘(諱)는 예서체(隷書體)로 쓰여 있었고, 함안 후인 조용민(咸安 後人 趙鏞敏)님이 썼는데 선생님께서 예술적 아름다움이 아주 높다고 하신다. 비문(碑文)은 후손(後孫) 유제운(柳濟雲)님이 지으셨는데, 오늘 탐방(探訪)에 함께 하신 유제항(柳濟恒)님의 형(兄)님이라고 하시며, 선생님께 한문(漢文)을 배우셨다며 형제(兄弟)가 선생님의 문하(門下)가 되었다며, 한번 소리내어 읽어보시겠다고 하며, 크게 소리내어 읽어 내려가기 시작했다. 비석(碑石)에는 공(公)의 출생(出生)과 생애(生涯) 그리고 업적(業績)이 상세(詳細)히 적혀 있었다.

우리는 눈이 흩날리는 묘소(墓所) 앞에서 나란히 서서 기념사진(紀念寫眞)을 찍고, 공(公)에 대한 공부와 점심을 해결할 장소로 이동하였다. 묘소(墓所) 입구에는 식당(食堂)에서 승합차(乘合車)를 가지고 오고, 또 회원과 문중에서 가지고 오신 차가 있어 산 입구 감나무 식당으로 옮겨 갔다. 시간이 1시가 조금 못 미쳐 공부를 하고 식사를 하기로 하였다. 식당에는 우리가 올 것에 대비(對備)하여 자리가 준비되어 있었다. 간단히 우리모임에 대하여 안내(案內)를 하고 선생님이 준비하신 자료로 공부에 들어갔다.

공의 휘(諱)는 몽인(夢寅), 자(字)는 응문(應文), 고흥(高興) 유씨(柳氏)이며, 제용주부(濟用主簿) 증 이조판서흥영군(吏曹判書興瀛君) 당(樘)과 정부인(貞夫人) 여흥민씨(麗興閔氏) 사이의 4남1녀 중 끝으로 명종14년(1559년)에 서울 명례방(明禮坊)에서 태어났으며, 어려서부터 영이 고고 독수(穎異孤高獨修)하며 10세에 처음으로 백형(伯兄) 몽사(夢獅)로부터 19사략(史略)을 배웠으며, 가볍고 날카로워 경전(經傳)을 읽는 속도(速度)가 빨랐으며,

시작(詩作)에 이르러서는 경구(警句)가 속출(續出)했다고 한다. 그 후 사성 송승희(司成 宋承禧), 남창 김현성(南窓 金玄成)에게 배웠으며, 특히 성리학(性理學)은 우계 성혼(牛溪 成渾)에게 배웠고, 고문(古文)과 고시(古詩)는 신확(申濩)에게 배웠으며, 서체(書體) 또한 일가(一家)를 이루었고, 백사 이항복(白沙 李恒福)과 월사 이정구(月沙 李廷龜)가 다 동문수학(同文受學)한 사람들이다.

공(公)은 급제(及第) 후 여러 관직(官職)을 거쳐 임진(壬辰)년 사절(使節)로 이웃나라 명(明)에 갔다가 돌아오는 길에, 왜란(倭亂)으로 의주(義州)에 와 있던 선조(宣祖)를 호종(扈從)하고, 명장(明將) 이여송(李如松)의 문안사(問安使)로 온 명(明) 병부시랑(兵部侍郎) 송응창(宋應昌)과 교유(交遊)하며, 난후(亂後) 삼도순안사(三道巡按使), 동부승지(同副承旨), 도승지(都承旨), 대사성(大司成), 예조참의(禮曺參議), 황해감사(黃海監司), 대사간(大司諫)을 역임(歷任) 하였으며, 인목대비(仁穆大妃) 교서(敎書) 사건(事件)으로 은퇴(隱退) 하였다. 광해군(光海君) 원년(元年) 성절사(聖節使) 겸(兼) 사은사(謝恩使)로 북경(北京)에 다녀온 후, 남원부사(南原府使)로 나갔고, 가선대부(嘉善大夫)로 올랐으며, 영양군(瀛陽君)에 봉(封)해졌으며, 56세에 한성좌윤(漢城左尹), 다음해에 대사간(大司諫), 이조참판(吏曹參判), 홍문관(弘文館) 예문관(藝文館) 제학(提學)을 겸임(兼任) 했으며, 59세에 인목대비(仁穆大妃) 폐위(廢位) 찬반(贊反) 서명(署名)으로 회피(回避) 은퇴(隱退)하고, 문집(文集)을 정리(整理)하였다. 공(公)이 살았던 시기(時期)는 조선(朝鮮)이 서고 200여년이 지나 나라가 안정(安定)이 될 만한 때이기도 했지만, 대륙(大陸)에서는 명청(明清)이 교체(交替)되던 시기였고, 바다 건너 일본(日本)에서는 한창 무인(武人)들의 세력(勢力) 다툼이 왕성(旺盛)하던 때인데 국내 사정(事情)은 한참 당쟁(黨爭)이 심화(深化)되고 있었고, 열강(列强)들의 틈바구니 사이에서 힘든 시기였는데, 공(公)께서는 때에 사람들 사이에서 흘러 다니던 야사(野史), 항담(巷談), 가설(街說) 들을 모아 풍자(諷刺)와 기지(奇智)로 엮어 그 시절 인간상(人間像)을 엿볼 수 있게 하였다. 특히 인조반정(仁祖反正) 후 구왕정(舊王政) 복위(復位)의 죄목(罪目)으로 화(禍)를 당

(當)했는데, 공(公)이 철원(鐵原) 보개산(寶蓋山)에서 시승(詩僧) 언기(彦機)와 운계(雲桂)와의 문답시(問答詩) 노과부사(老寡婦詞)는 그의 심정(心情)을 잘 알 수 있건만, 어떻게 그런 최후(最後)를 맞게 되었는지 도무지 알 수가 없고, 안타까운 마음 금(禁)할 수가 없다.

선생님께서는 항상(恒常) 자료(資料) 끝에 칠언율(七言律) 찬시(讚詩)와 우리 전통(傳統) 시조(時調)를 덧붙이시는데, 오늘도 공(公)에 대한 찬시(讚詩)와 시조(時調)로 공(公)을 찬양(讚揚)하고 설명(說明) 해주시는 것으로 공부는 끝났다.

강의 중에 가평문화원 김만종 원장님이 오셨기에 잠깐 인사가 있었고, 이어 전 총무이셨던 유정식(柳正植)님이 선조(宣祖)때 조선의 명필(名筆) 한호 한석봉(韓濩 韓石峯)이 이곳의 군수(郡守)를 지냈고, 한문사대가인 월사 이정구(月沙 李廷龜)의 묘(墓)와 어우 유몽인(於于 柳夢寅)의 묘(墓)가 있는 곳이라며, 그 분들의 업적(業績)을 기리는 사업(思業)을 하려하니 많은 관심(觀心)을 가져주셨으면 한다는 당부(當付)를 하신다. 그리고 사간공(司諫公) 종회장 유영균(柳英均)님의 감사의 인사와 함께 이 분야에 사정이 밝으신 춘천지역 종회장 이신 유연수(柳然壽) 종회장님을 소개하여 유연수(柳然壽) 회장님이 일어서서 당신네 문중(門中)을 찾아와 당신들의 선조(先祖)의 행적(行蹟)을 잘 설명(說明)해 주셨고, 거기다 율시(律詩)와 시조(時調)를 곁들여 칭찬(稱讚)해 주시어 감명(感銘) 깊게 들었다며 사례(謝禮)하고, 원하는 바는 지금 어우공(於于公)에 대한 연구(研究)가 산재(散在)해 있는데, 이것을 좀 종합(綜合)해서 운영(運營)해 보고자 하는 게 소망(所望)이라고 하신다. 이어 선생님이 어우공(於于公)에 대한 찬시(讚詩)와 시조(時調)의 창(唱)을 끝으로 공부는 끝나고 시간은 2시반이 지나고 있었다.

모두들 시장할 때가 되었다. 문중(門中)에서는 미리 식당에 오리 백숙을 준비(準備)시켜 놓고 있었고, 문중 사간공 종회장유영균(柳英均)님은 이고장 명주(名酒)인 의병주를 내 놓으셔서 모두들 한 잔(盞)씩 앞에 놓고, 선생님께서 김두식 님께 건배사(乾杯詞)를 제의(提議)해 모두들 문중(門中)의 발전(發展)과 우리 모두의 건강(健康)과 행운(幸運)을 위한 건배(乾杯)를 하였다. 반주와 식사를 곁들여 마치고, 오늘 공부와 행사는 이것으로 끝났다. 우리는 인사를 나누고 떠날 채비를 하였다. 이 식당에 올 때에 탔던 차에 다시 분승(分乘)하여 가평역으로 향했다. 헌데 도착하고 바로 얼마 안 돼 열차가 이르러 바로 탑승하게 되었는데, 타고 보니 이 열차는 젊은 연인들을 위한 청춘열차(靑春列車)로 청량리(淸涼里)까지 정차하지 않고 바로 가는 것이었다. 쉬지 않고 바로 가는 것까지는 좋았으나, 자리가 없어 서서 가야 했고, 역무원(驛務員)이 와서 요금(料金)을 요구하는 바람에 우리는 별도(別途)의 요금을 더 내야 했다.

가평은 지리적으로 춘천(春川)으로 가는 길목이라 그냥 지나치는 수가 많은데, 이 고장에는 잣이 유명하며 또한 남이섬이 가까이 있어 젊은이들이 많이 찾아오며, 근간에는 이곳에서 영화와 드라마를 많이 촬영(撮影)하는 바람에 이곳도 한류(韓流) 열풍(熱風)을 타고 외국인들이 많이 찾는 명소(名所)가 되었다. 노산당은 청량리에서 내리고 설전은 옥수까지 간다고 하고 나는 왕십리에서 7호선으로 갈아타고 집으로 향했다.

우인 경우수 씀.

332. 충의재(忠義齋)에서

선비의 멋들이라
네 벗을 노래하니

그 때의 나라걱정
나만의 일이랴만

오늘은 가다듬은 목
그윽하다 한가락

최중관

▲ 충의재

▲석탄공묘 앞에서

▲문정공 석탄 이신의 기념관

▲석탄공 공부를 하며

332. 忠義齋(충의재)

忠義齋在京畿道高陽市德陽區道來洞李石灘公追慕處
충 의 재 재 경 기 도 고 양 시 덕 양 구 도 래 동 이 석 탄 공 추 모 처

也公諱愼儀字景則全義人始祖諱棹高麗開國功臣太師
야 공 휘 신 의 자 경 즉 전 의 인 시 조 휘 도 고 려 개 국 공 신 태 사

聖節公全山侯考諱元孫號無何翁刑曹參議妣定宗玄孫
성 절 공 전 산 후 고 휘 원 손 호 무 하 옹 형 조 참 의 비 정 종 현 손

女全州李氏以朝鮮明宗六年辛亥四月九日生公於漢城
여 전 주 이 씨 이 조 선 명 종 육 년 신 해 사 월 구 일 생 공 어 한 성

也幼而穎敏夙成四歲及十歲丁外內憂喪禮凡節徹底諸
야 유 이 영 민 숙 성 사 세 급 십 세 정 외 내 우 상 예 범 절 철 저 제

人歎服也杏村閔純門下修學以推薦爲孝陵參奉又有二
인 탄 복 야 행 촌 민 순 문 하 수 학 이 추 천 위 효 릉 참 봉 우 유 이

卷著述曰大學箚錄家禮箚錄也壬辰倭亂時將三百餘兵
권 저 술 왈 대 학 차 록 가 례 차 록 야 임 진 왜 란 시 장 삼 백 여 병

助權慄將軍大勝哉卽守高陽幸州也哉其後歷稷山縣監
조 권 률 장 군 대 승 재 즉 수 고 양 행 주 야 재 기 후 역 직 산 현 감

槐山林川郡守洪州海州光州牧使等受十考十最之評也
괴 산 임 천 군 수 홍 주 해 주 광 주 목 사 등 수 십 고 십 최 지 평 야

光海十年丁巳獻議以會寧圍籬安置作四友歌短歌六章
광 해 십 년 정 사 헌 의 이 회 령 위 리 안 치 작 사 우 가 단 가 육 장

也仁祖五年丁卯七月十六日卒享年七十七也謚文貞也
야 인 조 오 년 정 묘 칠 월 십 육 일 졸 향 년 칠 십 칠 야 시 문 정 야

墓域神道碑高陽市鄕土文化第十四號也嗚呼高麗之門
묘 역 신 도 비 고 양 시 향 토 문 화 제 십 사 호 야 오 호 고 려 지 문

閥兮家門之矜誇哉草堂之高訓兮胸中之深藏哉讚曰
벌 혜 가 문 지 긍 과 재 초 당 지 고 훈 혜 흉 중 지 심 장 재 찬 왈

城外高陽馳馬蕭　停韁注目一祠嶠
성 외 고 양 치 마 소　정 강 주 목 일 사 교

楣名三字石灘志　墓域雙墳文寶璙
미 명 삼 자 석 탄 지　묘 역 쌍 분 문 보 료

四友短歌儒者曲　二書箚錄學堂韶
사 우 단 가 유 자 곡　이 서 차 록 학 당 소

幸州大捷義兵將　故土守功千丈岧
행 주 대 첩 의 병 장　고 토 수 공 천 장 초

332. 충의재(忠義齋)

충의재는 경기도 고양시 덕양구 도래동에 있다.

이 석탄공을 추모하는 곳이다.

공의 휘는 신의요 자는 경즉이요 전의인이다.

시조의 휘는 도요 고려개국공신 태사 성절공 전산후이다.

고의 휘는 원손이요 호는 무하옹이다. 형조참의이다. 어머니는 정종 현손녀 전주이씨이다. 조선 명종 6년 신해 4월 9일에 서울에서 공을 낳았다.

어려서부터 영특하여 일찍 성숙되었다. 4세에서부터 10세에 이르기까지 어머니와 아버지의 상을 당하였고, 어리지만 상례의 예를 다하여 주위의 사람들을 탄복하게 만들었다.

행촌 민순 문하에서 수학하였다. 선생님의 추천을 받아 효능참봉이 되었다. 또 두권의 책을 저술하였으니 대학차록과 가례차록 두 권이다.

임진외란 때에 장수 300여 병으로 권율장군을 도와 대승하였다. 즉 고양 행주를 지켜냈다.

그 후 직산현감 괴산 임천군수 홍천 해주 광주목사 등을 지냈다. 열 번 상고해보아도 열 번 다 최고의 평을 받았다.

광해 10년 정사에 상소를 올려 회령으로 위리안치 되었다. 이때 사우가와 단가 6장을 지었다.

인조 5년 정묘 7월 16일에 돌아가시니 향년 77세였다. 시호는 문정이다. 묘역과 신도비는 고양시 향토문화재 제14호이다.

오호라! 고려 문벌이여 가문의 자랑이로다. 초당의 높은 가르침이여! 가슴속 깊이 감추어 두었도다.

기려 노래하노니,

성밖 고양에 말고삐를 당겨 달려갔더니
한 재실의 아름다운 곳에 멈추어 섰도다.
처마이름 석자 석탄의 뜻이요
묘역 쌍분은 문화재의 보배로다.
사우단가는 선비의 곡조인데
두 책 차록은 학당의 노래로다.
행주대첩은 의병의 장수로서
고향땅을 지킨 공은 천년토록 높고 크도다. 전

숨길이 멈추는 땅
그대로 일어서서

쉽지는 않았지만
큰 물살 돌려냄에

다시금 이곳에 머문
햇살처럼 따스함

욕천 최장호

눈 감고 귀 막으면
하늘을 어찌 보랴

오로지 나라위해
되 차게 아뢰 놓고

네 선비 노래 부르니
사나이 뭇 엄지 척

노산당 전향아

선비의 멋진 가락
노랫말 네 벗이라

한줄기 나라걱정
누군들 아니랴만

오늘은 목청 다듬어
뽑아보리 더 길게

갑고 홍영표

내나라 내 임금님
오로지 걱정하며

마다한 높은 벼슬
부르는 네 벗 노래

어진이 엮은 글들이
맑고 맑아 곱도다

안일당 이원희

내나라 우리나라
이대로 둘 순 없다

이 한 몸 다 바쳐서
바른 말 아뢰 놓고

붓 끝에 남아있는 힘
난초향을 그린다

설전 임준신

글 배운 선비로서
벼슬길 마다하랴

어차피 할 바에야
똑바로 하리로다

귀양가 한 네 번 노래
그 마음 속 빛난다

우인 경우수

행주 골 옛 동산에
오로지 나라 근심

띠풀 집 어려워도
능곡이 노래하니

구름도 쉬어간다네
임의 높은 사랑아

가산 임봉훈

임 걱정 나라걱정
때때로 네 벗 노래

힘 다해 싸워 이겨
내 옛골 지켰도다

글 엮은 곧은 선비여
돌여울이 맑도다

오남 이종관

뜻 높아 찾아오니
모신 곳 날개 편 듯

나라엔 큰 울음을
마을엔 사랑소리

틈내어 거문고 타고
선비모습 높구나

서천 조경휘

忠義齋

안일당 이원희

冬至朔風寒景蕭 高陽深谷古祠嬌
동 지 삭 풍 한 경 소 고 양 심 곡 고 사 교

道峯凜凜護齋室 漢水滔滔垓墓璙
도 봉 름 름 호 재 실 한 수 도 도 해 묘 료

憂國一心文士頌 短歌四友武人韶
우 국 일 심 문 사 송 단 가 사 우 무 인 소

義兵三百擊倭將 大捷幸州扶翼岧
의 병 삼 백 격 왜 장 대 첩 행 주 부 익 초

동지 삭풍에 겨울경치 소슬한데
고양 깊은 골에 한 재실이 아름답도다.
도봉은 늠늠히 솟아 재실을 지키고
한강은 도도히 흘러 묘의 해자를 이뤘도다.
오직 한마음 나라 걱정은 선비의 찬송이요
네 벗의 단가는 무인의 노래로다.
의병 삼백을 모아 왜적을 치는 장수되어
행주대첩을 크게 도왔음이로다.

忠義齋

가산 임봉훈

含雪故園騷客蕭 幸城戰史秘勳嬌
함 설 고 원 소 객 소 행 성 전 사 비 훈 교

虎軍憂國一心碣 義旅報邦三德瑹
호 군 우 국 일 심 갈 의 려 보 방 삼 덕 료

躬化遏雲陵谷曲 友風子雨石灘韶
궁 화 알 운 능 곡 곡 우 풍 자 우 석 탄 소

短歌茅唱樹檀響 民族中興先導岧
단 가 모 창 수 단 향 민 족 중 흥 선 도 초

눈을 머금은 옛 동산에 소객들이 떠들썩하는데
幸州山城의 戰爭역사는 숨은 공훈이 아름답다.
猛虎장군의 우국을 한마음으로 세운 將臺가 있고
鄕軍 編制로 盡忠報國하니 三德의 구슬이다.
躬行 敎化의 遏雲은 언덕과 골짜기에서 曲盡하고
우풍자우의 구름길은 石灘公이 舜의 풍류로다.
띠 풀집 부른 노래 短歌는 박달 숲에서 울려 퍼지니
겨레의 중흥을 앞장서서 이끎이 높고 또 높도다.

忠義齋

오남 이종관

至月朔風冬景蕭 高陽幽谷古祠嬌
지 월 삭 풍 동 경 소 고 양 유 곡 고 사 교

道峰東聳護齋室 漢水南流垓墓璙
도 봉 동 용 호 재 실 한 수 남 류 해 묘 료

四友短歌文士曲 一心憂國武人韶
사 우 단 가 문 사 곡 일 심 우 국 무 인 소

義兵三百指揮將 大捷幸州千丈岧
의 병 삼 백 지 휘 장 대 첩 행 주 천 장 초

동짓달 삭풍에 겨울경치 소슬한데
고양 그윽한 골에 옛 사당 아름답구나.
도봉산은 북에 솟아 이 사당을 둘러싸 호위하고
한강수는 남에 흘러 이 묘지를 지키는도다.
사우단가는 문사의 노래이고
일심우국은 무인의 곡조로다.
의병 삼백의 장수가 되어 권율 장군을 도와서
행주대첩 거두니 그 공은 천 길의 높이로다.

忠義齋

서천 조경휘

冬至依身鐵馬蕭 高陽一阜甎齋嬌
동지의신철마소 고양일부전재교

木成猴舍降臨輅 薹蓋鶼塋推捧璙
목성피사강임로 대개겸영추봉료

倡義起兵憂國吼 挽留遮道愛民韶
창의기병우국후 만류차도애민소

有餘琴曲常忠孝 先生儒風萬古岧
유여금곡상충효 선생유풍만고초

동짓날 전철에 몸을 맡기고 가니
고양군 한 언덕에 기와재실이 아름답구나.
날개를 편 듯 목재 집은 하늘에서 내려온 가마와 같고
잔디 잘 정돈된 한 쌍의 무덤은 받들어 올린 구슬이라.
국난에 의병을 일으키니 나라를 걱정하는 사나운 울음이요
가로막힌 귀가 길 백성을 사랑하는 순임금의 노래라.
여유 있어 거문고와 일상은 충과 효
석탄(石灘) 선생의 선비 모습 만고에 드높구나.

충의재(忠義齋)에서

세온서른두 번째 한가락 모임
때 : 4350(2017)년 12월 23일, 토요일, 맑음
곳 : 충의재 - 경기도 고양시 덕양구 도래동

일이 참으로 많은 붉은 닭의 해인 2017년 丁酉年이 또 역사의 뒤안길로 저물어가고 있다. 며칠만 지나면 기대와 설렘으로 2018년의 戊戌年이 새로운 모습으로 해가 곧 뜰 것이다. 해는 역사적인 의미를 지니고 살만큼 느끼고 느낀 만큼 살아간 것이다. 마치 매번 묵은 잎사귀를 버리면서 새로운 잎사귀를 토해내는 것이 가는 세월이라. 사람의 눈길은 새 잎사귀에 시선이 가는 것은 일반적인 것으로 보이며, 세월은 버리는 것이 습관이며, 아주 좋은 버릇이나 매번 낯설게 하는 무엇에 솔깃해지는 것, 무엇이란 말인가. 忠誠과 節義로 똘똘 뭉친 石灘 李愼儀의 忠義齋를 탐방하는 이유가 무엇인가. 이 시대의 忠義의 바탕을 아주 조심스럽게 촛불을 다루듯이 살피는 까닭은 무엇이란 말인가. 개인의 삶도 또한 忠이란 꽃이 義라는 열매를 맺는 경우라야만 한다. 이 문중이 그런 門中인가 보다. 지나간 것들과 잃어버린 것을 제자리로 옮겨 놓아야 하는 데 어둠속에서 머뭇거리는 한 무리를 이끌고 가는 중관 선생님이 있어 원흥역 5번 출구에 추운 바람을 맞서며 서로의 기다림으로 오랜 세월 묻은 시계추가 멈추어 서있다. 원흥역이 개통한지 딱 3년째이며, 그전에는 논밭이 다수였던 땅이 아파트나 상가 건물이 빠른 속도로 늘어났다. 이 역은 오래된 다른 역보다 넓고도 깨끗하다. 늘 느끼지 않거나 그곳에서 생활하지 않으면 낯선 나그네와 같아 이곳에 새로 생긴 원흥역의 다른 느낌은 이 근방 산에서 땔감을 매고 나온 나무꾼처럼 발길이 하도 어지럽다.

낯선 길처럼 조심조심 걷다보니 全義 李氏 門中에서 승용차로 회원들을 태워서 忠義齋로 이동한다. 마치 잃어버린 시간을 찾아서 가는 사람같이 끊긴 필름을 잇기 위해 단 하나의 단초를 찾아간다. 全義란 오직 그대로 고스란히 바르게 사람으로서 하여야할 바른 道理가 있는 말이다. 어찌 이보다 좋은 의미가 있는 문중은 또한 드물 것으로 보인다. 사람들의 발길을 모아 북적거리는 오늘의 忠義齋의 모습이라고 할까. 후손들이 길을 잃지 않고 늘 새로운 길로 총총히 全義라는 나무로 든든한 울타리로 지금도 살아간다.

서울에서 가까운 경기도 고양시 덕양구 도래동에 위치한 석탄 이신의 선생기념관으로 회원 모두 이동하였다. 이곳 기념관은 石灘公의 충의의 마음과 행동을 배우는 역사 교육장이며, 公의 학문적인 깊이와 임진왜란 때 憂國一念으로 싸워서 고양군을 지켜낸 업적을 자세히 볼 수 있다. 그 정신을 이어받을 수 있는 어린 아이들의 학습장으로 적격이다. 더불어 고양시를 대표로 하는 高陽八賢에 관한 자료와 고양지역 의병 활동을 고스란히 담아내고 있다.

梧南 李鍾寬 회원님을 비롯하여 여러 문중 어르신과 인사를 먼저 나누고 기념관에 상주하는 해설사의 안내에 따라 기념관 안으로 들어가 임진왜란 때 고양군에서 왜적을 물리치는데 활약한 석탄 이신의 선생의 짧은 영화 한편을 감상하고 나서 바로 중관선생님이 준비하신 石灘公의 자료를 통해 새롭게 공부를 한다.

忠義齋는 京畿道 高陽市 德陽區 道來洞에 있는 公을 추모하는 곳이다. 公의 諱는 愼儀이며 字는 景則이고 全義人이다. 始祖의 諱는 棹인 고려 개국공신 太師 聖節公의 후손이다.

경기도 高陽八賢으로 조선 중기의 문신이며 杏村 閔純의 문하에서 학문을 배웠고 孝陵參奉으로 천거되었다. 大學箚錄과 家禮箚錄 등의 저술을 남겼다.

임진왜란에서는 의병 300여명을 모집하여 이끌고 협력하여 권율장군이 대승할 수 있도록 도왔고, 高揚 幸州를 지킬 수 있도록 하였고 왜적을 토벌

하는데 공을 세웠으며, 그로 인해 稷山縣監을 시작하여 洪州, 海州, 光州牧使 등을 역임하였고, 光海君 10년 仁穆大妃를 폐위하려는 움직임에 반대하여 상소를 올린 丁巳獻議로 인하여 회령에 圍離安置되기도 했다. 松·菊·梅·竹의 사군자를 벗으로 여겨 지은 四友歌와 단가 6수를 남겼다. 丁卯年 7월16일 77세의 일기로 생을 마감하였다. 文貞公이라는 시호를 받았다.

끝으로 七言律詩를 쓰실 분은 선생님의 讚詩의 次韻을 활용하여 쓰고, 시조는 石灘公의 남다른 憂國一念 정신이 잘 녹아 있도록 하여야 한다.

깨끗한 기념관인 石灘 李愼儀의 忠義齋 바로 옆에 나지막한 언덕에 부인 경주이씨와 쌍분으로 조성된 묘역으로 이동하여 石灘公에 대한 중관선생님과 梧南 李鍾寬회원을 비롯하여 한가락회원 일동은 정숙히 참배하였다. 이곳 묘역은 고양시 향토유적으로 지정되어 있을 뿐만 아니라 후손들에 의해 묘역 관리도 잘 되어 있다. 어쩜 황금잔디도 깔끔하여 다른 잡풀이 하나도 없다. 잔디마다 일일이 손이 간 듯하다. 봉분 앞쪽으로 혼유석, 장명등 등이 배치되어 있고 후손들이 최근에 세운 듯 좌우에는 문인석 등의 석물이 한 쌍씩 놓여 있다. 묘소 바로 아래쪽에 옥개석을 갖춘 신도비가 세워져 있다. 그 앞에 새로 들어선 높은 아파트가 즐비하게 병풍처럼 서 있다. 묘역 뒤에는 외국계의 이케아 쇼핑몰이 들어서 있고 예전에는 논밭이었던 것이 이제 수시로 빠르게 다 변화해 버렸다. 언뜻 스쳐가는 사소한 어린 기억들인 딱지치기, 논두렁, 썰매타기가 딱 적격인 유사한 농촌의 풍경인 것 같은 이 지역이 한 순간에 모두 걷어치운 듯하다.

자동차를 가져온 여러 문중 어르신들이 한가락회원을 모시고 '고기 오는 날 식당'으로 이동하여 우리한우 등 음식을 정성스레 대접을 하였다. 梧南 李鍾寬 회원님은 지팡이를 짚고서도 조상 일이라면 어디든 갈 사람이다. 조상을 우러러볼수록 높아만 가는 존재감을 다시 한번 더 물음표 찍는다. 가슴을 후비는 마음을 씀에 어찌 객이 감탄하지 않을 소냐. 조상들의 오래된 기다림을 그 후손들의 서로에 대한 끈끈한 기다림으로 응답한다. 2018년의 戊戌年을 기다리는 丁酉年 12월에 忠義로 응고된 촛농에 全義라는 심지를 꽂아 세워 하늘 높은 곳을 향해 꼿꼿이 타오르는 촛불처럼 한

점의 추운바람에도 흔들림이 없다. 우리나라에 너무도 많은 우러러봐야 할 앞선 사람들이 있다. 오늘 꼭 탐방해야 할 石灘公기념관에서 충의를 가슴에 담고서 일상의 깊은 한가로움으로 돌아가야 한다.

설전 회원님은 2018년의 戊戌年 年賀狀을 회원들에게 나누어주신다. 해마다 정성을 담아 손수 그려서 마음을 전해 주신다. 2018년의 戊戌年에는 모든 사람들에게 좋은 일이 다반사일 것으로 생각한다.

욕천 최장호 씀.

333. 번암공묘(樊巖公墓)에서

그 이름 옛날에는
미르에 망아지라

달리고 날으면서
마음껏 벌인 일들

아버지 받드는 이에
멋진 노래 또 하나

최중관

▲ 번암공묘

▲번암공묘 앞에서

▲ 번암공묘에 올라

▲번암공 공부를 하며

333. 樊巖公墓(번암공묘)

樊巖公墓在京畿道龍仁市龍仁邑驛北里公諱濟恭字伯
번 암 공 묘 재 경 기 도 용 인 시 용 인 읍 역 북 리 공 휘 제 공 자 백

規平康蔡氏高祖諱振後曾祖諱時祥祖諱成胤考諱膺一
규 평 강 채 씨 고 조 휘 진 후 증 조 휘 시 상 조 휘 성 윤 고 휘 응 일

縣監妣延安李氏萬成女以朝鮮肅宗四十六年庚子生公
현 감 비 연 안 이 씨 만 성 녀 이 조 선 숙 종 사 십 육 년 경 자 생 공

自幼穎敏力學文科歷諸華職至領議政也英祖三十四年
자 유 영 민 역 학 문 과 역 제 화 직 지 영 의 정 야 영 조 삼 십 사 년

戊寅以都承旨參與列聖誌狀編纂其四十七年辛卯年以
무 인 이 도 승 지 참 여 열 성 지 장 편 찬 기 사 십 칠 년 신 묘 년 이

冬至使自清歸國後出平安道觀察使時請石北申光洙設
동 지 사 자 청 귀 국 후 출 평 안 도 관 찰 사 시 청 석 북 신 광 수 설

大同江浮碧樓宴使名妓唱石北詩關山戎馬至今爲無形
대 동 강 부 벽 루 연 사 명 기 창 석 북 시 관 산 융 마 지 금 위 무 형

文化財第二十九號西道民謠之名曲也正祖登極後以昌
문 화 재 제 이 십 구 호 서 도 민 요 지 명 곡 야 정 조 등 극 후 이 창

慶宮守宮大將盡力補弼其十七年癸丑以華城留守企劃
경 궁 수 궁 대 장 진 력 보 필 기 십 칠 년 계 축 이 화 성 유 수 기 획

聖域化亦爲領議政摠括之也配同福吳氏弼運女又安東
성 역 화 역 위 영 의 정 총 괄 지 야 배 동 복 오 씨 필 운 녀 우 안 동

權氏尚元女皆無嗣其二十三年己未正月十八日卒享年
권 씨 상 원 녀 개 무 사 기 이 십 삼 년 기 미 정 월 십 팔 일 졸 향 년

八十也謚文肅也嗚呼樊巖明敏可賞兮石北詩才顯彰哉
팔 십 야 시 문 숙 야 오 호 번 암 명 민 가 상 혜 석 북 시 재 현 창 재

蔡申宮合最吉兮西道名曲生産哉蔡申之情眞貴也讚曰
채 신 궁 합 최 길 혜 서 도 명 곡 생 산 재 채 신 지 정 진 귀 야 찬 왈

探訪古賢備酒肴 龍仁停轡一墳嵺
탐 방 고 현 비 주 효 용 인 정 비 일 분 교

黃金薹草封衾好 御筆誄文碑閣媌
황 금 대 초 봉 금 호 어 필 뢰 문 비 각 묘

交友平生持信義 惡緣邪學解良謷
교 우 평 생 지 신 의 악 연 사 학 해 양 오

建陵恩寵誠心報 今日華城孝聞厺
건 능 은 총 성 심 보 금 일 화 성 효 문

333. 번암공묘(樊巖公墓)

번암공묘는 경기도 용인시 용인읍 역북리에 있다.

공의 휘는 제공이요 자는 백규이요 평강채씨이다.

고조의 휘는 진후요 증조의 휘는 시상이요 조의 휘는 성윤이요 고의 휘는 응일이요. 현감이었다.

어머니는 연안이씨로 만성의 딸이다. 조선 숙종 46년 경자년에 공을 낳았다.

공은 어려서부터 영민하며 배우기를 좋아하여 힘써 공부하였다.

문과하여 여러 벼슬을 지나 영의정까지 올랐다.

영조 34년 무인년에 도승지로서 열성지장을 편찬하는데 참여하였다.

그 47년 신묘년에 동지에 사신으로 청나라에서 돌아와 뒤에 평안도 관찰사로 나갔다. 때에 석북 신광수를 초청하여 대동강 부벽루에서 큰 잔치를 베풀면서 명기로 하여금 석북의 시 관상융마를 부르게 하였다.

지금에 이르러 무형문화재 제29호 서도민요로서 명곡으로 전해지고 있다.

정조가 등극한 후에 창경궁 수궁대장이 되었다.

힘써 정조를 보필하였다.

그 17년 계축에 화성유수로서 성역화를 기획하였고, 또한 영의정이 되어 총괄하였다.

부인은 동복오씨 필운의 딸이다 또 안동권씨 상원의 딸이다. 모두다 아들이 없었다. 그 23년 기미년 정월 18일에 돌아가니 향년 80세였다.

시호는 문숙이다. 오호라! 번암은 명민하여 가히 상줄만 하도다. 석북의 시재를 드러나게 하였도다. 채씨와 신씨의 궁합이여 최고로 길하도다. 서도민요의 명곡이 생산되었도다. 채와 신의 정이여 참으로 귀하도다. 기려 노래하노니,

옛 어진이를 탐방하노니 술과 안주가 갖추어졌고
용인에 말고삐를 멈추니 한 무덤이 크도다.
황금 띠풀의 이불이 좋고
어필로 남긴 글은 비각에 아름답도다.
평생교유하며 신의를 가졌고
악연으로 천주학은 좋은 눈물로 풀었도다.
정조대왕 은총은 성심으로 보답하고
금일에 화성은 효도로 소문이 높도다. 전

멋지다 만남이여
소리로 살아남고

둥그레 그려놓고
흙돌로 한 땀 한 땀

이보다 잘할 수 없다
끄트머리 뱊족이

욕천 최장호

소리로 멋스럽게
두 벗을 기억하니

봄 여름 가을 겨울
어진이 찾는 발길

지나온 삶의 발자취
깊어지는 배움터

노산당 전향아

미르에 망아지로
누비던 새저마노

달리고 날으면서
원 없이 벌인 일들

아버지 받드는 일에
멋진 노래 벗 사귐

갑고 홍영표

옛 고을 망아지골
눕자리 포근하다

힘 다해 지키면서
깨끗이 살자구나

부르는 노랫가락이
울려 퍼진 미르골

안일당 이원희

먼 뒷날 며늘아기
지혜가 남달라서

큰 어른 물건 모아
배움터 만들었네

한집안 이어오는 길
여자하기 달렸다

설전 임준신

선비의 가슴속을
알아 준 나라 어른

그 또한 낳아준 이
섬김에 으뜸 일세

벗 불러 잔치한 노래
나라에서 기리네

우인 경우수

중모리 휘몰이로
벗의 글 읊게 하고

임금님 모시면서
꽃 마을 이루었네

그때 일 한곳에 모아
보고가라 이르네

가산 임봉훈

망아지 미르골의
눕자리 따뜻하다

깨끗한 부지런함
번듯해 빛이난다

멋지다 노랫가락이
오늘 더욱 좋도다

오남 이종관

돌사람 어디가고
돌짐승 동무하네

벗 불러 노래하나
못 다한 나라사랑

눈물로 내려주시니
드높도다 임의 글

서천 조경휘

樊巖公墓

안일당 이원희

古士探尋具酒肴 龍駒走馬一墳嵺
고 사 탐 심 구 주 효 용 구 주 마 일 분 교

碧松殘雪陽光美 烏石碑文御筆媌
벽 송 잔 설 양 광 미 오 석 비 문 어 필 묘

忠諫仕君獻身義 新宗親友恕仁謷
충 간 사 군 헌 신 의 신 종 친 우 서 인 오

築城買忽誠心盡 今日水原孝市巢
축 성 매 홀 성 심 진 금 일 수 원 효 시 초

옛 선비를 찾아 술과 안주를 갖추어놓고
용인을 달려가니 한 무덤이 높도다.
푸른 솔잎에 잔설이 햇빛 받아 아름답고
검은 빗돌은 임금의 글로 아름답도다.
충간으로 임금을 섬기며 헌신한 의요
새 종교의 친구를 용서한 인의 눈물이로다.
수원성을 쌓는데 성심을 다하였으니
오늘의 수원은 효의 도시로 높도다.

樊巖公墓

가산 임봉훈

醰賞華城騷客肴 探公墓誌國威嶠
담 상 화 성 소 객 효 탐 공 묘 지 국 위 교

仲冬會意歷觀愛 溫熱講論傾想媌
중 동 회 의 역 관 애 온 열 강 론 경 상 묘

琴瑟相和知友似 琵琶行伴繼親謷
금 슬 상 화 지 우 사 비 파 행 반 계 친 오

蔡申宮合唱酬裏 當日築兮歡喜巢
채 신 궁 합 창 수 리 당 일 축 혜 환 희 초

즐기며 玩賞한 화성은 소인에게 술과 안주 같은데
더듬은 번암공묘와 碑誌는 우뚝 솟은 國威로다.
동짓달에 會意하여 사랑으로 역사 두루 살피는데
따뜻한 열강은 토론으로 傾想하니 아름답도다.
琴瑟이 서로 화합 和睦하니 벗할 수 있는 친구이고
琵琶 타는 길동무 이어 親交하니 그 모습이 크도다.
蔡씨 申씨 궁합이 吉하니 잔 돌려 노래하는 속에
築城한 그날이여! 즐겁고 기쁨이 산같이 높아라.

樊巖公墓

오남 이종관

探訪樊巖備核肴 龍仁驛北古墳嶠
탐 방 번 암 비 핵 효 용 인 역 북 고 분 교

天邊塚上苔芝艶 閣內碑中御誄媌
천 변 총 상 태 지 염 각 내 비 중 어 뇌 묘

攻派邪書加害斥 信流主學放容謷
공 파 사 서 가 해 척 신 류 주 학 방 용 오

健陵寵命華城築 文肅英名萬世巢
건 릉 총 명 화 성 축 문 숙 영 명 만 세 초

번암공을 탐방하려 주효를 갖추니
용인 역북동에 옛 무덤이 높구나.
하늘가 무덤위에 이끼와 잔디 아름답고
비각 안에 비문의 어필이 곱도다.
공서파(功西派)는 서학을 사문이라 하여 이를 물리쳤고
신서파(信西派)로서 서학을 주학이라 하여 용인하였도다.
정조의 총애를 받아 화성을 축조토록 하니
문숙공의 영명은 만세에 높도다.

樊巖公墓

서천 조경휘

冬日保溫持蕊肴 陽知探訪一塋嶠
동 일 보 온 지 예 효 양 지 탐 방 일 영 교

石人不立職分忸 御筆淚言碑面媌
석 인 불 립 직 분 뉵 어 필 누 언 비 면 묘

青眼友交戎馬唱 赤心忠仕復花謷
청 안 우 교 융 마 창 적 심 충 사 복 화 오

中興害革華城建 每善堂兮彰顯巢
중 흥 해 혁 화 성 건 매 선 당 혜 창 현 초

겨울 날 몸을 따스히 꽃과 안주를 지니고
용인을 탐방하니 한 무덤이 높구나.
문인석도 없으니 벼슬 했던 것이 부끄러운가
임금님의 눈물어린 뢰문(誄文) 비면에 아름답다.
친한친구 불러 후대 무형문화 관산융마를 부르고
참된 마음 충복함이 사후에 화복화(花復花)를 알려주네.
다시 일으키고 혁신하고 화성을 건립한
매선당이여, 밝게 나타남이 드높구나.

번암공묘(樊巖公墓)에서

세온서른세 번째 한가락 모임
때 : 4351(2018)년 1월 27일, 토요일, 맑음
곳 : 번암공묘 - 경기도 용인시 용인읍 역북리

삼백서른세 번째 한가락모임 사당동 출발.

올 겨울은 유난히 춥다. 여기저기 동파사고 소식에 야단법석이다. 얼어 터지고 물이 흘러 커다란 고드름이 위에서 아래로 매달린 것이 아니라, 땅에서 위로 솟아 오른 모양으로 만들어졌다. 한 방울씩 떨어지면서 바로 얼어 저런 모양이 되었으니 이것 또한 자연이 만든 작품이려나...

우리 집도 온수가 얼어서 고생을 했다. 냉수만 얼 것을 생각하고 예방하지 못했는데......

이런 추위에도 불구하고 한 분 한 분 모이기 시작한 우리 한가락 회원님들 정말 고맙습니다.

오늘은 채씨 문중에서 버스까지 마련해주시면서 한가락모임을 독려해 주시니 새해 무술년 첫 달 첫 모임에 신바람이 실렸다.

한복 차림의 중관 선생님, 갑고, 가산, 설전, 안일당, 우인, 욕천, 조경휘, 서정원, 변충근, 윤석증, 안영수, 이종열님과 더불어 한가락 회원들뿐만 아니라 평강채씨 문중에서도 채현병 선생님의 인솔 하에 여러분들이 나오셔서 25인승 버스가 빈자리 없이 가득차서 묵직하게 수원화성박물관을 향해 달린다.

역사시간에 공부하여 익히 귀에 익숙한 인물 중 한 분이신, 번암 채제공 선생의 행적을 공부하기 위하여는 수원화성박물관을 먼저 들러보는 것이 좋다.

이 박물관은 번암상공의 6대 종부이신 김양식 여사께서 가보로 간직하고 계시던 번암공의 물품을 기증하여 수원화성박물관을 설립하는데 크게 일조를 하게 되었고, 수많은 사람들에게 귀감이 되도록 한 눈에 잘 볼 수 있도록 해놓으셨으니, 6대 종부의 큰 결심이 이토록 좋은 결과를 낳았다.

번암공과 정조의 관계는 특별하였다. 정조대왕을 곁에서 보필하여 높은 이상과 개혁정신을 실천할 수 있도록 강약을 조절하며 도왔던 분이시다.

번암공이 80세에 돌아가시자 정조는 어필로 비통함을 써서 보내기도 하였다.

박물관에 가면 담당 해설사가 얼마나 자세하게 설명을 해주던지 그때 시대로 돌아가 번암공과 함께 숨쉬고 있는 것같이 느껴지기도 했다.

박물관을 돌아보고 1층에 있는 강의실로 자리를 옮겼다.

자료 공부를 시작하기 전에 채씨 문중 분들과 서로 인사를 나누었다.

오늘 자리를 같이 해주신 김양식 종부님은 88세이시며 시인이기도 하다. 시집뿐만 아니라 여러 권의 책도 내셨는데, 여사님은 자그마한 체격이지만 그 생각과 결단은 대단한 거인이라고 큰 박수를 보내드리며...

중관 선생님께서 준비하신 번암 채제공공에 대한 자료로 강의를 시작하였다.

오늘이 17년에서 18년으로 넘어오는 첫 달이자 한가락 모임 333회째 되는 날이다.

회를 거듭할수록 중관 선생님의 노고에 깊은 감사를 느끼며 우리 한가락 회원들은 더욱 진지하게 강의에 몰입하였다.

'번암공의 산소는 경기도 용인시 용인읍 역북리에 있다'로 시작되는 선생님의 목소리는 마이크 없이 맨 목소리만으로도 강의실이 쩡쩡 울리니 90의 어르신이라곤 전혀 느껴지지 않게 언제나 청춘이시다.

채제공공의 자료는 따로 번역을 하여 함께 실을 것이라 생략하기로 하고, 강의를 마치니 늦은 점심시간이 되었다.

바로 길 건너에 있는 식당으로 이동하여 문중에서 미리 준비해 놓으신 갈비탕으로 점심도 맛있게 먹었다.

이제는 산소로 이동해야한다. 여기서부터 20여 분 거리에 산소가 있다고 한다.

산소에 도착하니 바로 마을과 함께 있었다.

산소는 경기도 기념물로 지정되어 잘 보존되어있었다.

우리는 준비한 꽃다발을 제단에 올리며 다함께 참배를 드렸다.

산소 앞은 시대에 따라 개발이 되어 높은 아파트가 있었다.

그 높은 집에 사는 사람들이 아이들 손잡고 이곳에 들러 쉬어가면서 번암공의 행적을 한번 읽고 보고 갔으면 좋겠다는 생각이 든다.

산소가 마을과 함께 있으니 아이들이 올라와 뛰어 놀면서 절로 공에 대한 공부를 할 것만 같았다. 잘 정돈된 잔디에 푸른 소나무가 그늘을 만들어 줄테니 좋은 역사공부 놀이터가 될 것이다.

오늘 한가락 행사는 이것으로 마치면서, 앞으로 채씨 문중에 더더욱 큰 번창을 빌면서 서울 길에 올랐다.

채현병 선생을 따라오신 김명호님께선 모든 행사일정을 사진 찍으며 바쁘시더니 어느새 시 한 수를 쓰셔서 주고 가신다.

번암선생을 기리며

벽강 김명호

효덕의 깊은 뿌리 대대로 이어오니
조상을 기리는 정 오래갈 가문이라
우러러 존경하기는 채씨만이 아니네

평강 채씨 문중에서 참석해주신 많은 분들의 성함을 한 분 한 분 기록하지 못하여 대단히 송구스럽습니다.

노산당 전향아 씀.

334. 설운재(雪雲齋)에서

그리운 아버지와
외로운 어머니여

그 모진 비바람 속
눈물로 키운 아들

오늘은 먼 손들 맞아
절합니다 이렇게

최중관

▲설운재

▲설운재 앞에서

▲ 약봉공 비각

▲약봉공묘 앞에서

334. 雪雲齋(설운재)

雪雲齋在京畿道抱川市抱川邑雪雲里徐藥峯公追慕處
설 운 재 재 경 기 도 포 천 시 포 천 읍 설 운 리 서 약 봉 공 추 모 처

也公諱渻字玄紀大丘人也高祖諱居廣縣監曾祖諱彭召
야 공 휘 성 자 현 기 대 구 인 야 고 조 휘 거 광 현 감 증 조 휘 팽 소

掌令祖諱固參議考諱嶰贈領議政妣固城李氏淸風郡守
장 령 조 휘 고 참 의 고 휘 해 증 영 의 정 비 고 성 이 씨 청 풍 군 수

股無男獨女以朝鮮明宗十三年戊午五月十九日生公於
고 무 남 독 녀 이 조 선 명 종 십 삼 년 무 오 오 월 십 구 일 생 공 어

安東蘇湖里外家也翌年父親以二十三歲別世時母親二
안 동 소 호 리 외 가 야 익 년 부 친 이 이 십 삼 세 별 세 시 모 친 이

十一歲也公三歲移於漢陽力學於叔父春軒公崦二十九
십 일 세 야 공 삼 세 이 어 한 양 역 학 어 숙 부 춘 헌 공 엄 이 십 구

歲文科歷諸華職至禮曹判書以仁宗九年辛未四月十八
세 문 과 역 제 화 직 지 예 조 판 서 이 인 종 구 년 신 미 사 월 십 팔

日卒享七十四也贈大匡輔國崇祿大夫議政府領議政謚
일 졸 향 칠 십 사 야 증 대 광 보 국 숭 록 대 부 의 정 부 영 의 정 시

忠肅也公風神峻茂美鬚髯目光炯炯射人性亢健有萬夫
충 숙 야 공 풍 신 준 무 미 수 염 목 광 형 형 사 인 성 항 건 유 만 부

不奪之氣愉色事母終身不怠臨歿命子弟勿厚葬如此者
불 탈 지 기 유 색 사 모 종 신 불 태 임 몰 명 자 제 물 후 장 여 차 자

皆生成於靑孀母訓哉母親早歲失明十九歲醮禮翌年生
개 생 성 어 청 상 모 훈 재 모 친 조 세 실 명 십 구 세 초 례 익 년 생

子其翌年喪夫崎嶇運命猶賢智卓越以克服也七十餘間
자 기 익 년 상 부 기 구 운 명 유 현 지 탁 월 이 극 복 야 칠 십 여 간

新築家屋時樹柱指摘倒立又藥字名稱酒果飯釀哉讚曰
신 축 가 옥 시 수 주 지 적 도 립 우 약 자 명 칭 주 과 반 양 재 찬 왈

何處其人賢智豪　抱川停轡一齋高
하 처 기 인 현 지 호　포 천 정 비 일 재 고

飛檐瓦屋雪雲號　神道碑銘名筆操
비 첨 와 옥 설 운 호　신 도 비 명 명 필 조

嚴父早遐遺訓戀　慈親誠導孤身褒
엄 부 조 하 유 훈 연　자 친 성 도 고 신 포

藥稱食物由吾母　雖暗眼光猶令嘷
약 칭 식 물 유 오 모　수 암 안 광 유 영 호

334. 설운재(雪雲齋)

설운재는 경기도 포천시 포천읍 설운리에 있다. 서약봉공을 추모하는 곳이다. 공의 휘는 성이요 자는 현기요 대구인이다. 고조의 휘는 거광이요 현감이었다. 증조의 휘는 팽소요 장령이었다. 조의 휘는 고요 참의였다. 고의 휘는 해요 영의정을 증직받았다.

어머니는 고성이씨로 청풍군수 고의 무남독녀이다.

조선 명종 13년 무오년 5월 19일에 공을 안동 소호리 외가에서 공을 낳았다.

공이 탄생한 다음해에 부친께서 23세의 나이에 별세하였다. 때에 어머니는 21세였다. 공이 3살 때에 한양으로 옮겨 숙부인 춘헌공 엄에게서 공부를 하였다.

29세에 문과하여 좋은 직책을 지나 예조판서에 이르렀다.

인종 9년 신미년 4월 18일에 돌아가니 향년 74세였다.

대광보국숭록대부 의정부 영의정을 증직받았다. 시호는 충숙이다.

공의 신체는 준걸하며 풍성하였으며 수염이 아름다웠다. 눈빛 또한 형형하게 빛이나 다른 사람을 쏘아보는 듯하였다.

성품이 높고 건장하여 만인이 있어도 기운을 뺏기지 않았다. 항상 너그러운 얼굴로 어머니를 모시며 종신토록 게을리 하지 않았다.

임종시에 자제들을 불러 장례를 후하게 하지 말라 하였다.

이 모든 것은 젊어서 혼자가 된 어머니 엄격함에서 나온 것이리라.

모친은 어릴 때부터 실명이 되었다. 19세에 초례를 치르고 다음해에 공을 낳았고, 또 다음해에 지아비를 잃었으니 기구한 운명일진대, 오히려 어진 지혜가 탁월하여 극복하였도다.

70여 칸의 새집을 지을 때에 기둥을 하나하나 만져보고 거꾸로 세워진 기둥을 지적하여 모두를 놀라게 하였다.

또 약자가 들어가는 음식을 탄생시켜 약주, 약과, 약식, 등의 음식을 전해지게 했고, 지명 또한 오늘날 까지도 약현으로 전해지고 있다.

기려 노래하노니,

어느 곳에 어진 지혜의 호걸스런 사람이 있는가
포천에 말고삐를 멈추니 한 재실이 높도다.
나는 처마 기와집은 설운이라 불리우는데
신도비명은 명필의 이름을 만났도다.
엄숙한 아버지는 일찍 돌아가시니 유훈이 그립고
자애로운 어머니의 정성은 아버지 없는 몸을 감싸 주었네.
약자로 불리는 음식은 우리 어머니로 말미암았고
비록 안광이 어두웠으나 오히려 호랑이처럼 호령은 무서웠네. 전

눈먼 눈 무릅쓰고
마음껏 맞이하고

모여든 사람마다
넉넉함 알고 가고

봄날은 바람과 함께
찾아온다 아들아

욕천 최장호

마음의 눈을 가진
홀로된 어머니가

아들을 사랑으로
일흔 칸 집도 짓고

약자로 이어지는 맛
손끝으로 살렸네

노산당 전향아

아버지 일찍 잃고
어머닌 앞 못 보셔

눈물로 키운 아들
두루한 빛난 벼슬

그 은혜 높이 받들어
절합니다 날마다

갑고 홍영표

가시 속 덤불속을
헤치며 키운 아들

아버지 그리움을
글로써 달래었다

한겨울 한가락들이
어진님께 절한다

안일당 이원희

약과가 맛있다고
먹을 줄 알았지만

그 속에 담긴 큰 뜻
내 어찌 몰랐을까

혼자서 잘 키운 아들
나라기둥 되었네

설전 임준신

그립고 외로움이
오히려 거름됐나

힘써서 갈고 닦아
우뚝한 뫼가 되어

모두들 자랑스럽게
우러른다 이렇게

우인 경우수

옛날에 살던 마을
글소리 빛나는데

멋지게 생긴 얼굴
나라에 모두 받쳐

어머니 주신 큰 뜻을
다해보려 애썼다

가산 임봉훈

눈밭에 우뚝한 집
그 이름 빛나도다

가시길 헤쳐 가며
키워낸 어머니라

약밥 길 만리재길이
임의 옛길 이란다

오남 이종관

외로이 홀로되어
어려움 지나오며

마음이 넓고 굳어
메같이 높아졌네

어머니 옆에 모시고
끝없이도 달려와

서천 조경휘

雪雲齋

안일당 이원희

風振晴天冬氣豪 抱川深谷一齋高
풍진청천동기호 포천심곡일재고

檐端遠岫藥峰鞠 檻外長江忠肅操
첨단원수약봉국 함외장강충숙조

卿相政丞華職表 大匡輔國宰崇褒
경상정승화직표 대광보국재숭포

終身事母恭良孝 炯炯眼光猛虎嘷
종신사모공량효 경경안광맹호호

높은 하늘 세찬바람 겨울 기운 호걸 찬데
포천 깊은 골에 한 재실이 높도다.
처마 밑 먼 산들은 약봉선생께 배례하고
난간 밖 장강은 충숙공을 만났도다.
경상 정승의 화려한 벼슬을 기리고
대광보국 높은 벼슬을 찬양하는도다.
종신토록 어머님께 효도하여 공손하고
빛나는 눈빛이 맹호의 부르짖음이로다.

雪雲齋

가산 임봉훈

山麓旺方承奉豪 命名德器雪雲高
산 록 왕 방 승 봉 호 명 명 덕 기 설 운 고

茂林深谷抱州據 香栢遠鄉湖里操
무 림 심 곡 포 주 거 향 백 원 향 호 리 조

孀訓頌聲華職盡 叔行厚賦蔭官褒
상 훈 송 성 화 직 진 숙 행 후 부 음 관 포

造營庭誥藥稱釀 何怠孝誠情曲嘷
조 영 정 고 약 칭 양 하 태 효 성 정 곡 호

왕방산 기슭에 어른 뜻을 섬기는 호종이 있는데
덕기의 뜻으로 명명한 설운재실은 높고 고귀하다.
무성한 숲 깊은 골짜기에 포천고을이 雄據하는데
향기 피우는 송백 원향은 蘇湖里에서 만나리다.
靑孀모훈을 송가하고 華職으로 精誠 다하는데
숙부의 타고난 保佑는 조상음덕(官)을 칭찬함이다.
조영(十七칸)하고 정조하며 빚은 명칭 '藥'자라 하니
어찌 孝誠을 게을리 하리오! 부르짖는 간곡한 정을.

雪雲齋

오남 이종관

冬晚江山意氣豪 抱川深谷一齋高
동 만 강 산 의 기 호 포 천 심 곡 일 재 고

文人石像文望固 神道碑銘神筆操
문 인 석 상 문 망 고 신 도 비 명 신 필 조

嚴父早傷庭訓缺 慈親賢哲愛孤褒
엄 부 조 상 정 훈 결 자 친 현 철 애 고 포

藥峴藥食由斯母 忠肅英聲萬里嘷
약 현 약 식 유 사 모 충 숙 영 성 만 리 호

늦겨울 강산에 의기는 호걸찬데
포천 깊은 골에 한 재실은 높구나.
문인석상의 문장 명망은 견고하고
신도비명의 신필은 재조를 자랑하는도다.
아버지는 일찍 돌아가서 정훈을 받지 못하였으나
어머니는 현철하여 어린 아들 사랑으로 길렀도다.
서울 만리재 고개가 약현으로 불리는 것과 약식, 약과라는 이름은 이 어미로 인하여 생긴 이름이니
충숙공의 명성은 만리의 부르짖음이로다.

雪雲齋

서천 조경휘

昔日抱川居卓豪 寒風探訪一齋高
석 일 포 천 거 탁 호 한 풍 탐 방 일 재 고

祠名崇德不遷捧 陽地幽宮長樂操
사 명 숭 덕 불 천 봉 양 지 유 궁 장 낙 조

國難扈從官事報 家繁孤苦萱堂褒
국 난 호 종 관 사 보 가 번 고 고 훤 당 포

始終弘毅垂原則 經世公平令含嘷
시 종 홍 의 수 원 칙 경 세 공 평 령 함 호

옛날 포천에 탁월한 호걸이 있어
추운 날 방문을 하니 한 재실이 높더라.
사당의 이름은 숭덕으로 불천위로 모시고
양지바른 곳의 묘는 기나긴 즐거움을 누리네.
나라가 어려워(임진왜란) 왕자님 모심은 조정 일의 보답이요
가정은 번창하나 고아로서 어려움은 어머님의 보살핌이라.
항상 넓고 굳음에 원칙이 있어
공평히 세상을 대함 속에 호령이 호랑이 울음 같더라.

설운재(雪雲齋)에서

세온서른네 번째 한가락 모임
때 : 4351(2018)년 2월 10일, 토요일, 흐림
곳 : 설운재 - 경기도 포천시 포천읍 설운리

오늘은 한가락 역사탐방 삼백서른네 번째 경기도 포천(抱川)의 서(徐) 약봉공(藥峯公)의 유적(遺蹟)을 찾아가는 날이다. 4호선 수유역(水踰驛)에서 모인다기에 거기서 가까운 곳인가 했는데, 거기서 포천(抱川)을 가게 된 것이다. 어제까지 날씨가 매우 쌀쌀했는데, 오늘은 그런대로 기온이 꽤 누그러졌다. 잠실역에서 승차하기 전 전화벨이 울려 받았더니, 갑고(甲皐) 선생님이시다. 오늘 꼭 참석하려 했는데 몸이 여의치 않아 참석하지 못하시겠단다. 참 안타까운 마음 금(禁)할 수가 없다. 연세가 들어 거동이 불편(不便)하여 불가피한 실정(實情)이다.

모임 시간 10시가 되자, 약속장소인 수유역(水踰驛)에 회원들이 거의 모이고, 목적지 포천(抱川)을 가기위해 전에 있던 직행(直行) 버스를 타려하니, 지금은 그 노선(路線)은 없어지고 일반 버스를 이용해야 한다고 한다. 오늘 모인 회원은 선생님을 위시하여 욕천, 안일당, 노산당, 가산, 조서천, 서정원, 변충근, 한홍식, 윤석중님 필자 등 11명이다.

10시 20분 수유리에서 포천을 오가는 72번 버스에 올랐다. 어제 평창(平昌)에서는 2018동계올림픽 개막식(開幕式)이 올려졌다. 그간 유치(誘致) 경쟁(競爭)에서 2번이나 밀리고 3번째 신청하여 가까스로 선정(選定) 되었으나, 근간의 국제관계가 북한(北韓)의 무모(無謀)한 대량(大量) 살상무기(殺傷武器) 실험(實驗)으로 분위기가 험악(險惡)하고 좀처럼 살아나지 않다가, 결국(結局)은 개막(開幕)을 며칠 앞두고 북한이 무슨 속셈으로 뭐 하키 선수단을 참가시켜, 남북이 단일팀을 구성하여 경기에 참여하고 한반도기를

들고 경기장에 입장(入場) 한다고 하니, 이게 무슨 소리인가 하는 생각이 든다. 전 정권이 무슨 비선 실세라는 아녀자의 국정농단으로 촛불이 거세게 일어나고, 결국 정권이 바뀌고 지난 정권의 최고 권력자는 감옥(監獄)에 가고, 이어 소위 적폐청산(積弊清算)이라 하여, 전 정권 실세(實勢)들이 여럿 감옥에 가고 국내외 사정(事情)이 어수선한데 어찌 보면 경기 분위기가 살지 않음은 당연(當然)한 일인지 모르겠다.

도봉산道峯山)을 지나자 멀리 안개 속으로 서울 외곽(外廓)도로 옆에 사패산(賜幣山) 자락이 보인다. 그전에는 도시와 도시 사이가 그래도 조금 벌어져 있었는데, 한 3~4십년 산업화가 집중되다 보니, 도시와 도시가 거의 건물과 건물로 맞닿아 있다. 30여분 더 가니 의정부 삼거리고, 거기서 조금 더 가다 포천 가는 길로 우회전하여 가다보니, 이 지역이 본래 미군부대들이 많이 주둔(駐屯)하고 있던 지역(地域)인데, 그 주력부대가 평택(平澤)으로 이전(移轉)하고 여기에도 이제는 도시화(都市化)가 많이 이루어져 아파트들이 많이 들어서 있다. 이리 들르고 저리 돌고 일반버스이다 보니 정거장마다 쉬고, 그래도 가다가다 보니 1시간 반 오늘의 목적지인 설운동(雪雲洞) 여단 앞 정거장, 우리가 내려야할 곳에 도착(到着)했다.

버스에서 하차(下車)해보니 문중(門中)에서 여러분이 나와 계셨다. 우리는 마을 입구에서 점심을 해결할 식당(食堂)을 정하고 아직 점심시간이 조금 일러 우선 약봉공(藥峯公)의 묘소(墓所)를 먼저 둘러보기로 하였다. 공의 묘소는 거기서 얼마 떨어지지 않은 곳에 있었다.

공의 묘역(墓域)은 20여 년 전부터 묘역(墓域) 정화(淨化)사업을 시작(始作)하여 10여 년간 사업 끝에 묘역이 아주 단정(端整)하게 정돈(整頓) 되어 있었다. 포천(抱川)은 동(東)으로 가평(加平), 서(西)로는 동두천(東豆川), 남(南)으로는 의정부(議政府), 북(北)으로는 연천(漣川)과 접(接)해 있으며, 설운재(雪雲齋) 사적비(事蹟碑)에 의하면, 묘역은 포천 북서쪽 해룡산(海龍山) 기슭 설운(雪雲) 언덕에 위치하고, 전면에는 조산(朝山) 죽엽산(竹葉山)이, 좌우(左右)에는 천보산(千寶山)과 수원산(水源山)이 둘러져 있어, 천혜(天惠) 용호명당(龍虎明堂)의 지세(地勢)로 문중(門中)의 정신적 사향(思鄉)으로 소중히 여긴다고 한다. 묘역(墓域)에는 노란 잔디가 잘 가꿔져 있고 밖에는 외삼문(外三門)이, 그리고 그 안에 들어서면 재실(齋室) 설운재(雪雲齋)가 홑처마 팔작지붕으로 가로 5칸 세로 3칸이며, 그 뒤편으로는 사당(祠堂) 숭덕사(崇德祠)가 가로 3칸 세로 3칸 맞배지붕으로, 모두 단청(丹靑)이 곱게 되어 있었다. 그리고 돌담이 단정히 둘러 있고 편액은 모두 여초(如初) 김응현 선생 글씨로 멋지게 쓰여 있었다. 우리는 사당 숭덕사(崇德祠)에서 간단히 잔(盞)을 올리고 배(拜)로 예(禮)를 갖추고, 재실 앞에서 기념사진을 찍었다. 3대의 묘소(墓所)는 모두 재실(齋室) 주위에 위치하고 있으며, 약봉공(藥峯公)의 묘소는 재실 오른쪽에 있으며 삼면에 곡담이 둘러있고, 앞에는 혼유석(魂遊石)이, 양쪽에는 촛대석과 문인석이 서 있으며, 조금 떨어진 앞에는 비각(碑閣) 안에 신도비(神道碑)가 모셔져 있다. 우리는 약봉공(藥峯公) 묘소(墓所) 앞에서 또 기념사진을 찍고 내려와, 올라올 때 정해 두었던 식당 '여단정'으로 자리를 옮겼다.

식당에는 문중에서 미리 연락을 해서 상(床)이 이미 차려져 있고, 우리가 자리를 잡자 이어서 음식이 조금 더 나오고 곧 식사를 할 수 있었다. 음식은 겉절이와 직화 돼지불고기에 된장찌개 야채와 나물들이 곁들여 나왔다. 문중에서도 회장님을 비롯하여 서동훈 운영위원장님 ,서종원님, 약봉공 종손, 약봉 둘째 집 종손 등이 함께하고, 식사까지 마련해 주셔서 맛있는 점심을 먹었다. 우리는 식사를 대접해 준데 대하여 고맙다는 인사와 함께 박수로 감사의 마음을 전했다. 차(茶)를 한잔씩 마시고 공부 할 장소를 찾다가, 이 동네 마을 회관이 괜찮다고 하여 재실(齋室) 앞의 마을회관으로 자리를 옮겨 자리를 정돈(整頓) 하고, 공(公)에 대한 공부에 들어갔다.

공(公)은 부친 해(嶰)공(公)과 어머니는 청풍군수를 지낸 고성이씨(固城李氏) 고(股)공(公)의 무남독녀(無男獨女) 고성이씨 사이에서, 명종(明宗) 13년 안동(安東) 소호리(蘇湖里) 외가(外家)에서 태어났는데, 그 다음해에 아버지가 23세로 돌아가시니, 때에 어머니는 21세였다. 공은 3세에 서울로 옮겨 숙부(叔父) 춘헌(春軒) 엄(崦)공(公) 아래서 힘써 공부하여 29세에 문과(文科)에 급제(及第)하여 여러 화직(華職)을 거쳐 예조판서(禮曹判書)에 이르고 인종(仁宗) 9년에 졸(卒)하니 향년(享年) 74세였다. 돌아간 후에 대광보국 숭록대부 영의정(大匡輔國 崇祿大夫 領議政)에 추증(追贈)되고, 충숙(忠肅)이라는 시호(諡號)도 내려졌다. 공(公)은 젊어 풍신(風神)이 준무(峻茂)하고 수염(鬚髯)이 아름다웠으며, 안광(眼光)이 형형(炯炯)하여 사람을 볼 때 더욱 빛이 났으며. 성품(性品)이 항건(亢健)하여 만부(萬夫)도 빼앗을 수 없었다고 하며, 어머니를 모심에 기쁜 마음으로 종신(終身)토록 게으르지 않았다고 한다. 공(公)은 임종(臨終)에 미쳐 장사(葬事)를 너무 과(過)하게 하지 말고 검소(儉素)하게 하라 일렀는데, 이는 청상(靑孀)이 된 어머님의 가르침이 아니었나 하는 생각이 든다. 어머니는 어려서 실명(失明)하고, 19세에 초례(醮禮)하고 다음해에 상부(喪夫)하니, 기구((崎嶇)한 운명(運命)이라할 수 있는데, 기구((崎嶇)한 운명(運命)이 오히려 삶을 지혜(知慧)롭고 현명(賢明)하게 헤쳐 나갈 수 있게 한 계기(契機) 아닌가 하는 생각이다. 그때 이미 서울에서 70여 칸 집을 지었다고 하니 꽤 재력의 뒷받침이 있었나보다. 그리고 보이지도 않는데 어떻게 거꾸로 선 기둥을 알아 낼 수 있었으며, 술과 음식에 약자가 붙은 것이 모두 그 모친으로부터 기인하였다고 하니 실로 지혜롭지 않다고 할 수 있겠나?

오늘도 선생님께서 끝에 붙이신 찬(讚)과 시조(時調)의 설명(說明), 이어서 회원들의 합창으로 공부를 마쳤다.

우인 경우수 씀.

335. 노강서원(鷺江書院)에서

여기가 마당바위
보아라 듬직하다

아버지 이른 말씀
울밖도 챙기면서

오늘은 집안일에나
있는 힘을 다하리

최중관

▲ 노강서원

▲노강서원 앞에서

▲서계 박세당 묘

▲박정재공 공부를 하며

335. 鷺江書院(노강서원)

鷺江書院在京畿道議政府市長巖洞朴定齋公追慕處也
노 강 서 원 재 경 기 도 의 정 부 시 장 암 동 박 정 재 공 추 모 처 야

公諱泰輔字士元潘南人高祖諱應川司宰監正曾祖諱東
공 휘 태 보 자 사 원 반 남 인 고 조 휘 응 천 사 재 감 정 증 조 휘 동

善左參贊祖諱炡參判考諱世堂判中樞府使妣宜寧南氏
선 좌 참 찬 조 휘 정 참 판 고 휘 세 당 판 중 추 부 사 비 의 령 남 씨

縣令一星女以孝宗五年甲午生公自幼穎悟力學經傳文
현 령 일 성 녀 이 효 종 오 년 갑 오 생 공 자 유 영 오 역 학 경 전 문

科歷華職至司諫院正言吏曹佐郎出坡州牧使己巳換局
과 역 화 직 지 사 간 원 징 인 이 조 좌 랑 출 파 주 목 사 기 사 환 국

以强力反對仁顯王后廢位當拷問遠流珍島至漢江鷺梁
이 강 력 반 대 인 현 왕 후 폐 위 당 고 문 원 류 진 도 지 한 강 노 량

津殞命肅宗十五年己巳享年三十六贈吏曹判書諡文烈
진 운 명 숙 종 십 오 년 기 사 향 년 삼 십 육 증 이 조 판 서 시 문 열

善書能文以祖上中麗末忠臣文正公碑壯年之手迹有名
선 서 능 문 이 조 상 중 여 말 충 신 문 정 공 비 장 년 지 수 적 유 명

也定齋集二十卷七冊傳也書院京畿道紀念物第四十一
야 정 재 집 이 십 권 칠 책 전 야 서 원 경 기 도 기 념 물 제 사 십 일

號也嗚呼潘南朴門門閥兮麗祖文武報國哉麗末忠臣文
호 야 오 호 반 남 박 문 문 벌 혜 여 조 문 무 보 국 재 여 말 충 신 문

正兮孝友勤謹忠義哉其後特强調曰則西溪天性强直兮
정 혜 효 우 근 근 충 의 재 기 후 특 강 조 왈 즉 서 계 천 성 강 직 혜

無顧左右直言哉辨思錄之著述兮朱文公之批判哉嚴父
무 고 좌 우 직 언 재 변 사 록 지 저 술 혜 주 문 공 지 비 판 재 엄 부

敎訓緻密兮孝子順應萬全哉此之謂曰西溪之楚也讚曰
교 훈 치 밀 혜 효 자 순 응 만 전 재 차 지 위 왈 서 계 지 초 야 찬 왈

驚蟄回來蛙直歌　一車東出古家那
경 칩 회 래 와 직 가　일 거 동 출 고 가 나

楣名深意隱微顯　院屋大廳遺韻囉
미 명 심 의 은 미 현　원 옥 대 청 유 운 라

祖上碑文而立筆　王言廢后再三訛
조 상 비 문 이 립 필　왕 언 폐 후 재 삼 와

嚴親胸裏明詳鑑　正此場巖庭訓玻
엄 친 흉 리 명 상 감　정 차 장 암 정 훈 파

335. 노강서원(鷺江書院)

노강서원은 경기도 의정부시 장암동 박정재공을 추모하는 곳이다. 공의 휘는 태보요, 자는 사원이며, 반남 사람이다.

고조의 휘는 응천이요 사제감정이다. 증조의 휘는 동선이요 좌참찬이다. 조의 휘는 정이요, 참판이다. 고의 휘는 세당이요 판중추부사이다. 어머니는 의령남씨 현령이신 일성의 딸이다. 효종 5년 갑오년에 공을 낳았다.

공은 어려서부터 영특하여 경전을 힘써 공부하여 문과에 합격하였다. 여러 좋은 벼슬을 지냈고 사간원 정언 이조좌랑 파주목사를 지냈다.

기사년에 나라의 판도가 교체되었을 때 인형왕후의 폐위를 강력하게 반대하다가 고문을 당하였고, 멀리 진도로 유배 길에 한강을 건너다 노량진에서 운명하였으니, 숙종 15년 기사년에 향년 36세였다.

이조판서를 증직받았다. 시호는 문열이다. 글씨를 잘 썼고 문장력이

좋았다.

조상 중에 여말충신이신 문정공의 비문을 젊고 어린 나이에 손수 써서 유명해졌다.

정재집 20권 7책이 전해지고 있다.

서원은 경기도 기념물 제 41호이다.

오호라 반남 박씨 문중의 문벌이여, 고려조 문관 무관으로 나라에 보답하였도다.

여말 충신의 문정공이여, 효도와 우애가 높았으며, 부지런하고 조심하였고, 충성스럽고 의로웠도다.

그 뒤에 특별히 강조하여 말하기를 즉 서계의 성품이 강직함이여 직언을 말함에 좌우를 돌아다봄이 없었도다.

변사록을 지었음이여, 주문공을 비판함이로다

엄한 아버지의 치밀한 가르침이여, 효자의 순응함에 만전을 기함이로다. 이것을 일러 말하기를 서계의 회초리로다.

기려 노래하노니,

경칩이 돌아오니 곧장 개구리의 노래 소리 들리는 듯
한 수레가 동쪽으로 나가니 커다란 옛집이 있도다.
처마이름 깊은 뜻은 은미하게 나타나는데
서원 대청마루는 글 읽는 소리 아직 남아 울리는 듯하네.
조상님 비문은 30세에 썼고
왕의 폐후의 뜻을 두 번 세 번 잘못되었다 아뢰었네.
엄한 아버지의 가슴속을 밝은 거울처럼 비추어보니
바로 이것은 장암의 옥돌 같은 가정교훈이로다. 전

솥뚜껑 두른 가슴
하늘을 찌를 곧음

또 다시 돌아가도
그 옛날 닮아간다

다 탄다 꽃피는 불꽃
너무나도 일찍이

욕천 최장호

푸르른 서른 즈음
옥 같은 글을 남겨

웃어른 밟던 길을
거울로 비쳐내니

비바람 그친 다음날
떠오르는 남긴 글

노산당 전향아

아버지 가르침에
옳게 한 벼슬살이

바른말 올리다가
귀양길 치러내고

몸마친 서른여섯은
가깝도다 임이여

갑고 홍영표

겨울을 봄이 이겨
개구리 나왔단다

옳은 길 가려다가
끝끝내 가셨도다

남겨진 귀한 글들이
오늘 더욱 값지다

안일당 이원희

뛰어난 글과 글씨
견줄 이 없더니만

커다란 마당바위
그 아래 누우셨네

그 솜씨 내손을 잡고
다시 한 번 보이면

설전 임준신

바른말 아뢰다가
오히려 되몰리고

벌 받고 귀양가다
기막힌 삶 마쳤네

떠나도 옳은 뜻 남아
옳고 그름 밝히네

우인 경우수

글씨에 문장까지
아깝다 젊음이여

올곧은 바른 말로
할 일을 다했도다

남기신 책으로 나마
배워보는 한가락

가산 임봉훈

개구리 기지개에
버들이 실눈 떴네

옳은 길 말하다가
노들서 가셨도다

전하는 귀한 글들이
고운 이름 드러내

오남 이종관

깊은 메 맑은 물에
글소리 들리는 듯

이어온 몇 온 나달
그른 일 보지 못해

아버지 뒤를 따라서
걸어간다 오늘도

서천 조경휘

鷺江書院

안일당 이원희

偉叟定齋揚頌歌 訪尋書院在何那
위 수 정 재 장 송 가 방 심 서 원 재 하 나

嶺風水落貞忠曲 灘籟中浪旌節囉
영 풍 수 락 정 충 곡 탄 뢰 중 랑 정 절 라

天理非當疏一帳 綱常紊亂諫三訛
천 리 비 당 소 일 장 강 상 문 란 간 삼 와

光名文烈錄青史 竟死悔無長久玻
광 명 문 렬 록 청 사 경 사 회 무 장 구 파

정재 박태보 선생을 찬양하려고
길을 물어물어 노강서원을 찾았도다.
수락산 영풍은 공의 충성을 노래하고
중랑천 여울은 절의를 찬양 장단 맞추도다.
천리에 부당하다는 상소 한 장 올리고
강상을 문란케 한다 세 번 간 하였도다.
문열공의 빛나는 이름 청사에 기록되니
죽어도 여한 없으리 그절의 보배 같도다.

鷺江書院

가산 임봉훈

花信蛙鳴季節歌 落山巖麓古家那
화 신 와 명 계 절 가 낙 산 암 록 고 가 나

塾堂東谷大椿冀 史錄西溪之楚囉
숙 당 동 곡 대 춘 기 사 록 서 계 지 초 라

已進登壇申退局 直言無顧武班訛
이 진 등 단 신 퇴 국 직 언 무 고 무 반 와

鷺江遺事唱吟裡 朴閥鷄林庭訓玻
노 강 유 사 창 음 리 박 벌 계 림 정 훈 파

꽃소식과 개구리 울음소리에 계절을 노래하는데
수락산 바위기슭에 오래된 집이 편안하여라.
서원의 동쪽 골짜기에서 大椿之壽를 기망하는데
서계 집 사록은 시문집 노래 가락을 돕는 소리로다.
오전 已時에 벼슬 등단 申時에 퇴임하는 판국인데
곧은 말을 돌아보지 못한 文武班列이 잘못인가?
노강서원의 빠진 이야기를 읊고 노래하는 속에
신라후예 潘南박벌 정훈은 玉과 같은 수정이로다.

鷺江書院

오남 이종관

驚蟄園邊蛙始歌 鷺江書院在於那
경칩원변와시가 노강서원재어나

中浪灘籟頌忠曲 水落嶺風揚節囉
중랑탄뢰송충곡 수락영풍양절라

正理扶綱蔬一帳 反倫不義諫三訛
정리부강소일장 반륜불의간삼와

悔無竟死唯心悅 文烈光名灼灼玻
회무경사유심열 문열광명작작파

경칩 맞으니 개구리는 동산에서 노래 시작하는데
길을 물어물어 노강서원 찾아갔더라.
중랑천 여울소리는 문열공의 충성을 기려 노래하고
수락산 영풍은 절의를 찬양하여 그 노래에 장단 맞추는도다.
천리를 바로하고 강상을 따르라는 상소 한 장이오
인륜에 반하고 의롭지 못한 폐비를 하지 말라 재삼 간하였도다.
죽는 한이 있어도 후회는 없겠고 오직 기쁘게 여길 뿐이니
문열공의 빛나는 이름은 빛나고 빛나는 보배이로세.

鷺江書院

서천 조경휘

殘雪蔭留渠滵歌 鷺江書院長巖那
잔설음류거밀가 노강서원장암나

門懸賜額事緣告 庭側學堂聲讀囉
문현사액사연고 정측학당성독라

父述遠儒批判舛 子陳忠節王言訛
부술원유비판천 자진충절왕언와

西溪之訓繼承裏 後世峨峨龜鑑玻
서계지훈계승리 후세아아귀감파

잔설은 그늘에 남고 개울물 급히 소리 내어 흐르는데
노강서원이 장암동에 크게 있구나.
문에 걸린 사액은 사연을 이야기하고
정원 옆 학당에는 옛 글 읽는 소리 들리는 듯.
아버지는 먼 선비(주자)의 잘못된 점을 비판하고
아들은 충절과 왕의 말씀 잘못된 점을 진술하다.
아버지 서계의 가르침을 계승하는 가운데
후세에 의용이 높고 높아 귀감의 옥돌이 되리라.

노강서원(鷺江書院)에서

세온서른다섯 번째 한가락 모임
때 : 4351(2018)년 3월 3일, 토요일, 맑음
곳 : 노강서원 - 경기도 의정부시 장암동

오늘 찾아가는 역사탐방 장소는 의정부시 장암동에 있는 鷺江書院으로 서울에서 아주 가까운 수락산 산자락에 있는 朴正齋公을 추모하는 곳이다. 10시 30분에 장암역에서 모이기로 했다. 토, 일요일에는 1호선 전철 안에 등산객들이 가득 모여 있어서 차안이 붐빈다. 다들 적당한 배낭을 하나씩 둘러매고서 주5일 근무 동안 힘든 삶을 맞닥뜨린 짐을 훌훌 털어버리고 새로 맨 꾸러미 속에 산속의 맑은 공기라도 담을 속셈으로 보인다. 사람들은 언제나 짐을 놓을 수 없는가 보다. 짐을 놓으면 삶의 숨결이 사라지는듯 하여 놓지 못하는 군상으로 보인다. 그래서 사람들을 불안 속에서도 시선을 바꿀 대내외적으로 뉴스를 찾는지 모르겠다. 오랫동안 어둠의 침묵만 한 #MeToo가 깨어났다. 암묵적인 묵인으로 일상을 지내왔다. 이제 세상의 햇살에 드러내고 있다.

변화의 과도기에 우린 서있음을 느낀다. 언론은 무슨 이유인지 아주 우선순위로 다투어 다루고 있다. 무엇을 또 숨길 요량으로.... 한편으로는 평창올림픽의 개기로 남북의 화해의 분위기를 만들어 한반도에 불구름을 거두려고 온힘을 다하고 있는 듯하다. 北의 올해 신년사를 통한 통 큰 정치인지, 南의 준비된 운명적인 평화의 촛불의 불씨가 이제 피어나는지 모르겠지만, 이제 기대해 봐도 괜찮을 것으로 보인다. 북미전쟁 위협으로 늘 끼어들어간 남쪽의 사람들은 괜스레 가슴만 울렁거리는 세월이 너무도 길었다. 이제 끊을 때가 왔는가 보다. 이제 남의 탓이 아니라 모두가 우리 스스로 해결할 몫으로 우리가 반드시 주체가 되어야한다.

장암역을 겨우 도착하니 중관 선생님을 비롯한 12분의 회원님과 문중어르신 2분이 이미 오셨다. 지난주 내린 눈은 거의 다 녹고 어두운 음지에만 간혹 보일까 말까한다. 천천히 걸어서 朴正齋公을 추모하는 곳으로 걸음을 가벼이 옮긴다. 도로변에 자란 마른 쑥 줄기에서 겨우내 감추어둔 쑥내음을 피어나는 듯 개운하게 우리의 길을 맞이한다. 수락산에서 내려오는 도랑물에는 햇살을 받아 얼음이 녹고 있다. 물소리도 묵은 때를 벗기고 있다. 곧 경첩이 있다. 어둠은 가라. 어둠속에 숨은 개구리도 이제 어둠을 막 밀어낼 때가 왔다. 이제 땅에서 틈이 생긴다. 살만한 틈이 생긴다. 죽은 뿌리에서 새 뿌리를 내린다.

문중 어르신들이 西溪 朴世堂 古宅 안내판이 보이는 곳으로 우리들을 인도하신다. 넓은 마당이 보이고 보호수로 지정된 약450년 된 은행나무 넘어 한옥 한 채가 있고 이 건물은 6.25전쟁에도 살아난 유일한 건물이라고 한다. 옆에 있던 안채는 포격으로 사라져서 옛날 모습은 찾을 수 없다. 西溪 宗宅인 사랑채에서 바라본 도봉산 정상은 확 막힘없이 잘도 보인다. 그리고 북한산 자락으로 이어져서 한 폭의 병풍이라고할 수 있다. 사랑채 우측에 작은 문이 하나 있는데 '西溪朴先生影眞閣'이라는 세로로 써진 글귀가 보인다. 이곳의 건물로 들어서면 西溪의 부친인 霞石 朴炡과 西溪 朴世堂을 모신 불천위 사당이며 2점의 肖像畵가 걸려있다. 한 점은 霞石 박정의 젊은 시절 관복차림의 초상화이고, 다른 하나는 西溪 朴世堂이 이곳으로 낙향 후의 모습을 나타내고 있다고 한다. 불천위에는 나라에서 인정한 國不遷位와 儒林에서 인정한 鄕不遷位와 문중의 자손들이 뜻을 모아 私不遷位가 있다. 그 삶과 가르침을 본받을 만한 인물에 대해 4대 봉제사가 끝난 후에도 후손들이 제사를 지내며 祧埋하지 않는 신위를 말한다. 경첩이라 땅에서 틈을 가르는 수선화 잎이 나오고, 사당 안에 오래된 산수유의 나무는 꽃 봉우리의 설렘이 묻어났고, 한 겨울 내내 추위를 이겨낸 회양목은 아직 푸름을 머금고 있다. 담벼락 옆에 오래 묵은 기와가 한 무더기로 쌓여 있다. 이곳은 세월을 기억하기 위해 차곡차곡 쌓아놓은 듯하다.

이제 사당 뒤에 모셔진 朴正齋公의 묘소를 향해 회원들이 발걸음 옮긴다. 멀리 삼각산이 보이고 도봉산 정상도 한눈에 확 다가온다. 문중어르신은 公의 묘소의 위쪽에 산자락으로 안내한다. 이어진 산길을 따라가니 정말 네모난 方墳이 한눈으로 보인다. 아직 눈 덮인 남은 눈길을 밟으며 다가가니 조선시대인데도 고려의 方墳이 존재하다니, 그것도 西溪公의 묘소에서 왜 方墳일까. 궁금함을 자아내고 있다. 후손들의 정성이 대단함을 새삼 느끼며, 다시 수락산 등산로로 내려오니 청풍정 터로 주춧돌만 남아 있고, 조금 위에 홍살문이 보이고 鷺江書院이 뒤에 보인다. 똑같은 鷺江書院의 현판이 솟을삼문에 하나, 祠堂에 하나 각각 걸려있다.

11시 50분경에 鷺江書院에 도착하니 문중어르신이 따스한 커피 한잔씩 나누어 주신다. 봄날 같은 따스한 햇살이 커피 잔으로 밀려온다. 鷺江書院의 사당에 배향된 朴正齋公에 대하여 우선 한가락회원 일동은 정숙히 참배하고서, 중관 선생님이 준비하신 朴正齋公의 자료를 통해 공부를 한다. 鷺江書院의 東齋의 나무 마룻바닥에서 햇살의 따스함을 느낄 수 있다.

오늘의 주인공인 正齋公 朴泰輔는 西溪 박세당의 아들이고, 어머니는 南一星의 딸님이다.

朴正齋公은 호남 암행어사, 파주 목사 등의 벼슬을 두루 역임하였고, 특히 암행어사가 되어 호남지방을 순회하면서 오래된 온갖 적폐를 청산하고 새롭게 개선하니, 그곳 백성들이 참으로 정의로운 어사라고 칭송하였다.

己巳換局 때 남인들이 仁顯王后를 폐하려 함에 그 부당함을 굽히지 않고 항변하다가 심한 고문을 받고, 전라도 珍島로 귀양 가는 도중 노량진에서 사망하였다. 그는 36세의 젊은 나이였다. 숙종은 죽여 놓고서 곧 후회하였다. 그에게 이조판서를 추증하였다. 문집으로 정재집 20권 7책이 전하고 있다. 숙종 21년(1695)에 세운 鷺江書院은 정조 17년(1701)에 사액서원으로 '鷺江'이라는 이름을 받았다. 원래는 서울 노량진에 세웠으나 한국전쟁으로 소실되었고, 1968년에 수락산 소나무로 지금 있는 자리에 복원하였다. 흥선대원군의 서원철폐령에도 폐쇄되지 않은 47개 서원 중 하나이다.

중관 선생님이 쓰신 시조와 七言律詩를 다시 음미하면서 다함께 이어 부르고 公에 대한 모든 공부를 끝낸다.

13시 20분경에 鷺江書院 현판아래에서 기념사진을 찍고 점식 식사를 위해 西溪 朴世堂 古宅의 개울 맞은편에 있는 밤나무집 식당으로 이동한다. 문중에서 맛난 돼지김치찌개와 지역 막걸리 등 대접을 성심껏 한다. 그리고 별도로 준비한 후식인 자연 홍시를 하나씩 전달하는 마음을 배운다. 역시 西溪 古宅의 오래된 은행나무의 넉넉함을 받는 듯합니다.

오늘 이곳에는 바위에 새겨진 석촌동 붓글씨와 清風亭의 주춧돌 등이 남아있고, 水落洞川은 과거에서 현재로 戊戌年 매얼음을 녹이며 쉼 없이 어제와 같이 늘 흐르고 있다. 과거의 우리시대에 시간여행을 잠시 머물다 나오기가 매양 힘이 든다. 수락산 자락에 무거운 짐을 놓아두고 훌훌 털어버리고 작은 숨결 공기주머니 들고서 일상으로, 한가로움으로 돌아가야 한다.

욕천 최장호 씀.

엮고 나서

한가락 역사탐방 세온서른다섯 번째까지를 모아서 한가락 시조모음 28집이 완성되었다.

지나고 보니 꽃이 피고지고를 셀 수도 없을 만큼 오래된 것이 신기하기도 하다.

그동안 시간과 날짜를 따지지 않았고, 토요일 역사탐방 가는 날만 기억하고 있었다.

그러던 것이 어느덧 28년이라니, 이것은 한가락이라는 이름으로 만난 회원님들의 제심협력으로 오늘이라는 영광스러운 날이 왔으니, 당연히 회원님들 한 분 한 분께 감사를 드려야겠다.

유난히도 추웠던 지난겨울 역사탐방 날, 감기로 호흡곤란을 겪으면서도 많은 불편을 참아주시며 참석해 주시는 연로하신 회원님들께 진심으로 감사드리며, 또 환영해 맞이해 주시는 문중 분들께도 진심으로 감사드립니다.

그리고 지금 이시간도 다음 탐방할 곳을 찾기 위해 고심하시는 중관선생님, 항상 자료 정리에 열정을 바치시는 우리 중관선생님께 좀 더 도움이 되는 한 사람이고 싶은데…….

늘 마음뿐이어서 죄송스럽다.

중관선생님!
건강을 해치지 않으시기를 빕니다.
그리고 한가락회원 여러분 고맙습니다.

총무 노산당 전향아 씀.

◆ 부록

歷史探訪講論資料

차례	곳	고을	사람	어떤 이
324	松泉書院	충북 청주	李貞幹	조선 선비
325	藥圃公墓	경기 양주	李海壽	〃
326	五山公墓	경기 과천	車天輅	〃
327	金山祠	경기 화성	金庾信	신라 장군
328	安谷書院	〃	朴世勳	조선 선비
329	草堂公墓	경기 용인	許 曄	〃
330	都節制使公墓	경남 진주	李承幹	〃
331	於于堂墓	경기 가평	柳夢寅	〃
332	忠義齋	경기 고양	李愼儀	〃
333	樊巖公墓	경기 용인	蔡濟恭	〃
334	雪雲齋	경기 포천	徐 渻	〃
335	鷺江書院	경기 의정부	朴泰輔	조선 선비

松泉書院

松泉書院在忠清北道清州市清原區梧倉邑陽地里李孝靖公追慕處也公諱貞幹字固夫全義人也始祖高麗開國功臣太師諱棹高祖諱仟號東巖叟知禮部事中書侍中門下平章事曾祖諱子華知察直司事選部典書祖諱得霖典法摠郎考諱丘直戶曹典書妣貞大夫人樂安金氏判典校寺事仁琯女以高麗恭愍王九年庚子生公幼而穎悟及長有異質昏定晨省以天孝聞也節節砥行一出於仁義常痛早孤事之如存餘力功文文亦典雅然不屑屑於擧子業唯事大夫人供甘毳以躬不以人承常恐不盡不至朝廷高其行禮徵不起不得已晚年官至觀察使既而退去于清州松泉別墅左右親側怡怡愉愉也世宗聞其孝特賜褒書曰家傳忠孝世守仁敬仍賜几杖酒樂以寵之又其十六年甲寅四月二日特加封壽母貞夫人金氏爲貞大夫人特年一百公年亦近八十也一時賢士大夫莫不爲之艷榮爭以詩歌之今日慶壽集即其詩集也特母則平生不向日月便旋子則救避矢之孕獐又放在筐之噞魚噫母有敬天之心子有濟物之仁仁者必壽於是母

是子信哉配貞敬夫人文氏順平君達漢女有淑德懿行事姑如其母育五男二女士欽士寬士信士敏士憲許誠許雍也其二十一年冬日卒享年八十也謚曰孝靖墓在長湍臨江縣馬勤里辛坐乙向明堂也貞敬夫人文氏祔左焉過從心兮皆悅哉以仁生兮長壽哉賢母誠兮子孝哉祖積德兮孫福哉讚曰

百五東風花信佳 娘城瓦閣似宸械
三株杏木長生儼 十丈烏碑至孝哇
孤子爲親投紱隱 慈闈守道仰天儕
八言御筆表彰褒 萬世高門榮譽懷

藥圃公墓

藥圃公墓在京畿道楊州市南面閑山里公諱海壽字大仲藥圃雅號也全義人而高麗開國功臣太師棹裔孫名門閥族也高祖諱宏植求禮縣監曾祖諱孟禧光陽縣監祖諱昌亨信川郡守考諱鐸領議政妣贈貞敬夫人龍仁李氏秉節校尉宗蕃女以朝鮮中宗三十一丙申年正月十四日生公自幼非凡二十及第司馬試二十八文科歷諸內外職流鍾城壬亂後復職宣祖三十二己亥年十一月三日以病卒于正寢享六十四也公擧止端重不喜聲色家業

清貧絶無營産親戚故舊莫敢干以私稟性剛正持
論和平立朝四十年官不過三品以前朝功臣門閥
避新朝之高位職之故也行有餘力則以詩書自娛
也今有藥圃遺稿七卷也配東萊鄭氏監察惟義女
育三男勸勵勤也嗚呼蓋史觀有縱橫今縱字為主
橫客哉藥圃固守縱影今遠祖足跡全履哉也讚曰

孟夏雲飛作冷灰　楊州深谷一奇械
雙封制度指遺跡　獨立至誠修盛臺
高職辭心三品足　前朝功閥萬年財
詩書餘力自娛裏　繼抱慇懃文集依

五山公墓

五山公墓在京畿道果川市文原洞坤坐之原也
公諱天輅字復元延安車氏也號五山蘭嵎橘室清
妙居士曾祖諱繼成護軍祖諱廣運教授考諱軾判
官贈禮曹參判妣貞夫人平山李氏縣監繼元女以
朝鮮明宗十一丙辰年十一月十五日生公于開城
第也自幼卓越有四歲能知文字五歲讀庸學人稱
神童論孟三經無不通達及長登科後至於詩文吟
唱若九龍瀑布瀉出然又若決黃河水堡然也行奉
常寺正出宰通川從黃允吉同使日本明使朱之蕃

來朝月沙李廷龜爲延慰使公爲製述官石峰韓公
濩爲寫字官明使請製壬亂懷古詩百韻月沙曰唯
五山可以當之公曰若設旨酒一樽大屏一坐則非
難云公飮樽酒入屏內唱成百韻由是我國文章大
振天下李提督如松歸也贈詩百韻亦白沙之勸以
五山吟也提督賜金銀十斤正廟朝論文肅命不祧
廟又使領相蔡濟恭大提學洪良浩搜輯公三世文
稿四卷自內閣刊領至今五山集江村別曲行于世
也世人稱松都三絶即詩五山文簡易書石峰也光
海七年乙卯卒享六十也配全州李氏正郞女育七

男幽宮在夫君階下艮向麗制方墳也嗚呼麗代功
臣門閥兮松都故鄕舊情哉雲巖節臣後孫兮松麻
原事豈忘哉高位官職忌避兮探景吟風自娛哉五
山三十八歲兮破倭賊露布文哉一夜百首都合兮
六百韻之詩文哉不世出之英才兮李都督之感嘆
哉頤齋五山滄洲兮三父子之文章哉驚歎耳讚曰

盛夏吟才是孰眞　清溪西麓五山詢
來龍艮向歸鄕夢　配位宮形故國諲
百韻大詩明士試　二沙薦容翌朝呻
松都三絶非徒讚　不許追從唯一人

金山祠

金山祠在京畿道華城市八灘面昌谷里興武大王追慕處也大王諱庚信金海人也伽倻國金首露王十二代孫祖諱武力角干考諱舒玄蘇判大梁州都督妣萬明以新羅眞平王十七乙卯年生大王也稟精七曜故背有七星文庚辰之夜舒玄夢熒惑鎭二星降於己亦萬明以辛丑之夜夢見童子衣金甲乘雲入堂尋而有娠二十月而生庚信也年十五爲花郎號龍華香徒年十七獨行入中嶽石崛齋戒告天盟誓曰敵國無道爲豺虎以擾我封場無寧日僕

是一介微臣志淸禍亂惟天降監假手於我忽有一老人來曰貴少年有并三國之心不亦壯乎乃授以秘法無言而去唯山上有光爛然若五色焉庚信爲押梁州軍主爲蘇判爲上將軍大克百濟七城東擊西征過家不入門也年六十眞德大王薨無嗣與宰相謀迎春秋即位爲太宗大王太宗七年庚申夏六月與唐兵滅百濟年六十七文武王元年十二月高句麗出陣文武王八年既與唐李勣將軍破平壤還到授太大舒發翰之職食邑五百戶仍賜輿杖上殿不趨其諸寮佐各賜位一級文武大王十三年春妖

星見地震至秋七月一日薨于私第享年七十九大
王聞訃震慟贈賻彩帛一千匹租二千石以供喪事
給軍樂鼓吹一百人出葬于金山原命有司立碑以
紀功名妻智炤夫人太宗大王第三女也生五男三
光元述元貞長耳元望庶子一軍勝女四人也後智
炤夫人落髮特大王謂夫人曰此皆角干賜也讚曰

小暑山河灃綠文 華城昌谷一祠賁
瓦家礎石緣倉址 垣面松風呼將軍
麗濟併呑三國合 羅唐連結千年韞
昔時功烈無雙褒 今日誰成彼大欣

安谷書院

安谷書院在京畿道華城市西新面尚安里松村
公追慕處也公諱世勳字勳之商山人新羅王姓朴
氏曾祖諱安義判典農寺事祖諱美昌左軍司正贈
左承旨考諱士華軍資監副正贈戶曹判書妣靈山
辛氏縣監福聃女以朝鮮成宗十九戊申年生公幼
時穎脫不群自齠年知讀書能通孝經小學等書行
事親敬長之道稍長沈潛經傳不事科業奉父母竭
力盡誠孝年纔十七甲子夏丁父憂哀毀踰節幾至
氣絶鄉里之來見者莫不為之流涕居廬南陽墓下

啜粥三年也時仲氏道源齋公年十四季氏監司公年十一與兩弟晝則相對廬次夜則同衾教訓講論皆在經傳不及他書過喪奉母夫人因居于墓下益勉孝友鄉黨以法家稱之公年既二十才學有優而不肯赴舉惟有講學求道之志時母夫人年已老矣嘗責曰汝何不赴國試耶公赴試中司馬以才藝學行被薦別科爲濟用監僉正而只爲肅謝終不就職公雖愛其弟常誡之曰士之出處不可不愼汝性太剛是吾憂也及己卯禍作道源齋公果與諸賢同被其禍也中宗十七壬午年遭母夫人喪道源齋公在

江界公獨與監司公守喪盡禮服闋謝絶交遊端坐一室靜對書籍不以事物經心敎授鄉子弟勉以孝友之道種松栽竹寓以歲寒之深趣因自號松村公嘗子弟曰吾死後勿惑堪輿之說葬我於父母墓傍矣明宗八癸丑年卒享年六十六也葬于先府君副正公之墓傍也嗚呼松竹堅節今萬古師表哉讚曰

暑退立秋旻亢亢　華城安谷書聲惇
瓦家龕下繼香火　徒弟胸中麗箭門
老母奉將誠孝盡　禮徵背面猶心尊
種松栽竹高孤訓　萬世宗師豈可諼

草堂公墓

草堂公墓在京畿道龍仁市處仁區遠三面孟里公諱曄字太輝陽川人曾祖諱菖祖諱聃考諱澣贈吏曹參判妣昌寧成氏敦寧府判官熹女以朝鮮朝中宗十二年丁丑生公自幼力學於羅湜徐敬德及第後歷副教理掌令罷職再起弼善至大司成以知製敎入玉翠亭和律詩請趙光祖伸冤又罷職再歷副提學出慶尚道觀察使以病謝轉任同知中樞副使於尚州客館終焉宣祖十三年庚辰享六十四年也栗谷曰草堂之文有矛盾點又語意有不通處退溪亦曰萬一無學識則草堂爲至善之人也三十餘年官職生活以淸廉稱頌也東西人對立時與金孝元爲東人領首也以進賀使行明歸國後建議鄕約施行參與於三綱二倫行實編纂也嗚呼子筠洪吉童傳今父之夢事假設哉白鶴鳴于九皐今聲聞于此陵谷哉龍仁孟里明堂今父子呼應同行哉讚曰

周到秋分日漸寒　龍仁孟里一墳干
許門先壠新墓盛　神道碑文老筆難
宦路輕行時點作　信條淸白稱芸蘭
慧明子女從庭訓　文夢創開期大歡

都節制使公墓

都節制使公墓在慶尚南道晉州市大谷面柳谷里公諱承幹金義人始祖太師公高麗開國二等功臣三重大匡金山侯諡聖節公高祖諱彥沖匡靖大夫政堂文學僉議評理藝文大提學知春秋館事曾祖諱光起判事祖諱元茂開城府尹考諱龜漢城府尹妣貞夫人漆原尹氏判事茂女以恭愍王末年丁未生公高麗門閥貴族開京華閥權門世族士大夫羨望名族也及長歷承寧府少尹副代言江原道都節制使江陵道都節制使判原州牧事慶尚右道都節制使也新朝太宗十六年丙申十一月六日領相河崙公享年七十咸鏡道定平公廨先王陵寢巡審後急逝太宗領相女婿承幹公命來京殯所致奠也翌年丁酉公亦以無病名某日急逝晉陽大浦山子坐午向之方墳高麗墓制官葬也貞夫人晉州河氏領相晉山府院君河崙公二女生五男一女也讚曰

特盤幽宮加補刪　嶺南稀貴方墳山
晉陽湖霧禮江褫　智異雲峯松嶺顏
麗代功門閥閱族　鮮初小職守家櫰
朴淵瀑布永言唱　矗石樓檐天上鸝

於于堂墓

於于堂墓在京畿道加平郡加平邑下色里公諱
夢寅字應文高興柳氏曾祖諱依高山縣監祖諱忠
寬司諫考諱樘漕用主簿贈吏曹判書興瀛君妣貞
夫人驪興閔氏參奉褘女以朝鮮明宗十四年己未
十一月生公自幼穎異孤高獨修十歲始學十九史
略於伯兄夢獅輕銳迷度通讀經傳至作詩亦續出
警句也其後受學於司成宋承禧南窓金玄成特性
理學受學於牛溪成渾又古文古詩受學於申濩也
書體成一家白沙月沙皆同學也文科後歷刑部佐

郎江原道都事正言弘文館修撰壬辰年以明使節
歸路隨行宣祖且以李如松問安使交遊明兵部侍
郎宋應昌受高禮遇也亂後歷三道巡按御使同副
承旨都承旨大司成禮曹參議黃海監司大司諫以
仁穆大妃教書事件隱退也光海君元年以聖節使
兼謝恩使行北京歸後任南原府使進階嘉義大夫
封瀛陽君五十六歲漢城左尹翌年大司諫吏曹參
判弘文館藝文館提學兼任也五十九歲仁穆大妃
廢位贊成署名回避隱退文集整理也月沙推薦公
於大提學職而拒絶入金剛山表訓寺以癸亥之變

移於鐵原寶蓋山交遊詩僧彦機與雲桂問答詩中老寡婦詞曰七十老寡婦端居守空壺慣誦女史詩頗知姙姒訓傍人勸之嫁善郎顏如槿白首作春容寧不愧脂粉其後以舊王復位運動之罪日仁祖一年八月五日被禍享年六十五也嗚呼世人今其寡婦之節知乎不知乎惜哉於于寡節之眞意今讚曰

白染堪輿大雪先　加平琮谷一墳錮
青松風下備陽地　文化財登流國緣
奇說街談刊特冊　能詩輕性信眞佺
於于堂號隱何意　寡婦歌中終失賢

忠義齋

忠義齋在京畿道高陽市德陽區道衣洞李石灘公追慕處也公諱愼儀字景則全義人始祖諱棹高麗開國功臣太師聖節公全山侯李諱元孫號無何翁刑曹參議妣定宗玄孫女全州李氏以朝鮮明宗六年辛亥四月九日生公於漢城也幼而穎敏夙成四歲及十歲丁外內憂喪禮凡節徹底諸人歎服也杏村閔純門下修學以推薦爲孝陵參奉又有二卷著述曰大學箚錄家禮箚錄也壬辰倭亂時將三百餘兵助權慄將軍大勝哉即守高陽幸州也故其後

歷禮山縣監槐山林川郡守洪州海州光州牧使等
受十考十最之評也光海十年丁巳獻議以會寧圍
籬安置作四友歌短歌六章也仁祖五年丁卯七月
十六日卒享年七十七也謚文貞也墓域神道碑高
陽市鄉土文化財第十四號也嗚呼高麗之門閥兮
家門之矜誇哉草堂之高訓兮胸中之深藏哉讚曰

城外高陽馳馬蕭　停轎注目一齋嬌
禰名三字石灘志　墓域雙墳文寶瑤
四友短歌儒者曲　二書劄錄學堂韶
幸州大捷義兵將　故土守功千丈岧

樊巖公墓

樊巖公墓在京畿道龍仁市龍仁邑驛北里公諱濟恭字伯規平康蔡氏高祖諱振後曾祖諱時祥祖諱成胤考諱膺一縣監妣延安李氏萬成女以朝鮮肅宗四十六年庚子生公自幼穎敏力學文科歷諸華職至領議政也英祖三十四年戊寅以都承旨參與列聖誌狀編纂其四十七年辛卯年以冬至使自清歸國後出平安道觀察使時請石北申光洙設大同江浮碧樓宴使名妓唱石北詩關山戎馬至今爲無形文化財第二十九號西道民謠之名曲也正祖

登極後以昌慶宮守宮大將盡力補弼其十七年癸丑以華城留守金劃聖域化亦爲領議政總括之也配同福吳氏弼運女又安東權氏尚元女皆無嗣其二十三年乙未正月十八日卒享年八十也諡文肅也嗚呼樊巖明斂可賞今石北詩才顯彰哉蔡申宫合最吉今西道名世生産哉蔡申之情眞貴也讚曰

探訪古賢備酒肴　龍仁停轡一墳嵺
薰金臺草封衾好　御筆誄文碑閣𤏙
交友平生持信義　惡緣邪學解良謷
健陵恩寵誠心敎　今日華城孝聞藁

雩雲齋

雩雲齋在京畿道抱川市抱川邑雩雲里徐藥峯公追慕處也公諱渻字玄紀大丘人也高祖諱居廣縣監曾祖諱彭召掌令祖諱固參議考諱嶰贈領議政妣固城李氏淸風郡守股無男獨女以朝鮮明宗十三年戊午五月十九日生公於安東蘇湖里外家也翌年父親以二十三歲別世時母親二十一歲也公三歲移於漢陽力學於叔父春軒公崦二十九歲文科歷諸華職至禮曹判書以仁宗九年辛未四月十八日卒享七十四也贈大匡輔國崇祿大夫議政

府領議政諡忠肅也公風神峻茂美鬚髯目光炯炯射人性元健有萬夫不奪之氣愉色事母終身不怠臨歿命子弟勿厚葬如此者皆生成於靑孀母訓哉母親早歲失明十九歲醮禮翌年生子其翌年喪夫崎嶇運命猶賢智卓越以克服也七十餘間新築家屋時樹柱指摘倒立又藥字名稱酒果飯釀哉讚曰

何處其人賢智豪　抱川停轡一齋高
飛檐瓦屋雪雲號　神道碑銘名筆操
嚴父早遐遺訓戀　慈親誠導孤身褒
藥稱食物由吾母　雖瞎眼光猶令嘷

鷺江書院

鷺江書院在京畿道議政府市長巖洞朴定齋公追慕處也公諱泰輔字士元潘南人高祖諱應川司宰監正曾祖諱東善左參贊祖諱烒參判考諱世堂判中樞府使妣宜寧南氏縣令一星女以孝宗五年甲午生公自幼穎悟力學經傳文科歷華職至司諫院正言吏曹佐郎出坡州牧使己巳換局以強力反對仁顯王后廢位當拷問遠流珍島至漢江鷺梁津殞命肅宗十五年己巳享年三十六贈吏曹判書諡文烈善書能文以祖上中麗末忠臣文正公碑壯年

之手迹有名也定齋集二十卷七冊傳也書院京畿道紀念物第四十一號也嗚呼潘南朴門門閥兮麗朝文武賴國哉麗末忠臣文正兮孝友勤謹忠義哉其後特強調曰則西溪天性強直兮無顧左右直言哉辨思錄之著述兮朱文公之批判哉嚴父教訓緻密兮孝子順應萬全哉此之謂曰西溪之楚也讚曰

驚蟄回來蛙直歌　一車東出古家那
楣名深意隱微顯　院屋大廳遺韻囉
祖上碑文而立筆　王言廢后再三訛
嚴親胸裏明詳鑑　正此場嚴庭訓坡

한가락 찾아간 차례

역사탐방 335회

4323. 4. 29 ~ 4351. 3. 3

한가락 모임

한가락 모임

▸시 작

중관 최권흥 선생님으로부터 한문공부를 하던 사람들이, 어느 날 모여서 한문공부의 목표를 이야기하던 중, 한문공부는 우리의 과거사를 알기 위해서이고, 우리의 과거를 바르게 알지 못하고서는 남의 앞에 서는 지도자가 될 수 없고, 지도자란 바로 우리의 옛 선비 정신을 갖추어야 되는데, 바로 그 옛 선비의 멋 중에는 시조라는 풍류가 있다는 것을 알게 되었다.

벽고, 고룡, 욕천, 노산당 등 12명이 뜻을 모아 따로 한문공부를 계속하여 우리의 역사를 올바르게 알며, 또 시조공부를 통해 선비로서의 멋까지도 아울러서 남을 이끄는 지도자로서의 소양도 길러보고자 역사의 현장 즉, 우리 역사 속에서 남달리 훌륭한 지도자적 삶을 살다간 분들의 유적지를 찾아가 그 정신을 시조로 읊어보고자 했다.

1990년 4월 29일, 중관 선생님을 모시고 경기도 포천군 신북면 고일리 왕방산 밑에 있는 고려말 절의충신 성여완 이헌 묘를 찾아가 시조를 읊고, 모임의 이름을 '한가락'이라 선생님께서 붙여주셨다.

▸활 동

주례활동 – 매주 목요일 19시~21시, 역사공부, 시조공부.

월례활동 – 매월 첫 토요일, 역사탐방을 통해 현장에서의 역사공부와 시조 지어 읊기로 시조의 원형 되살리기.

연례활동 – 매년 4월 29일, 시조집 발간 출판기념회 및 연구발표.

* 현재 역사탐방 335회로 한가락 시조집 1~28집과 기타 연구집 31권을 출간함.

차례	곳	사 람	어떤 이	고 을	날 짜	한가락
1	怡軒墓	成汝完	고려 말 절신	경기 포천	4323. 4. 29	제1권
2	金水亭	楊士彦	조선조 선비	경기 포천	5. 27	〃
3	洗心亭	趙 昱	〃	경기 양평	6. 24	〃
4	寶山亭	朴 禎	고려 말 절신	경기 양평	7. 22	〃
5	聽松墓	成守琛	조선조 선비	경기 파주	9. 09	〃
6	壯節公墓	申崇謙	고려 개국공신	강원 춘천	10. 14	〃
7	耘谷墓	元天錫	고려 말 절신	강원 원주	11. 11	〃
8	牧隱墓	李 穡	〃	충남 서천	12. 09	〃
9	觀瀾亭	元 昊	조선조 생육신	충북 제천	4324. 1. 03	〃
10	採薇亭	吉 再	고려 말 절신	경북 구미	2. 03	〃
11	氷玉亭	金令貽	고려 말 충신	충북 영동	3. 17	〃
12	邀僊亭	楊士彦	조선조 선비	강원 영월	4. 01	제2권
13	避世亭	趙 紳	고려 말 절신	충북 괴산	5. 26	〃
14	紫薇亭	李 午	〃	경남 함안	6. 30	〃
15	東皐亭	李英吉	조선조 선비	충북 청원	7. 28	〃
16	月巖亭	金 澍	고려 말 절신	경북 선산	8. 25	〃
17	獨守亭	全新民	〃	전남 담양	9. 08	〃
18	返舊亭	權 定	〃	경북 영주	10. 06	〃
19	永思亭	劉 懽	〃	경남 거창	11. 10	〃
20	花樹亭	具 鴻	〃	대구 북구	12. 01	〃
21	隅谷亭	鄭 溫	〃	경남 진주	4325. 1. 11	〃
22	教授亭	趙承肅	〃	경남 함양	2. 09	〃
23	陟西亭	洪 魯	고려 말 충신	경북 군위	3. 08	제2권

차례	곳	사 람	어떤 이	고 을	날 짜	한가락
24	洗心亭	南知言	조선조 선비	충북 영동	4325. 4. 12	제3권
25	南下亭	金 佇	고려말 충신	경북 예천	5. 05	〃
26	永慕亭	愼義連	조선조 효자	전북 진안	6. 14	〃
27	醉石亭	金景憙	조선조 선비	전북 고창	7. 05	〃
28	梅鶴亭	黃耆老	〃	경북 선산	8. 24	〃
29	梅菊亭	李兆年	고려 말 선비	경북 고령	9. 20	〃
30	越松亭	李 行	고려 말 충신	경북 울진	10. 03~04	〃
31	草澗亭	權文海	조선조 선비	경북 예천	11. 01	〃
32	臥仙亭	太白五賢	〃	경북 봉화	12. 06	〃
33	洗川亭	吳國華	고려 말 절신	경북 의성	4326. 1. 10	〃
34	三詠亭	柳漢禎	조선조 선비	경북 군위	2. 07	〃
35	如此亭	張 㬅	〃	경북 구미	3. 07	〃
36	天雲亭	李萬敷	〃	경북 상주	4. 18	제4권
37	丹丘館	金 後	고려 말 절신	경남 산청	5. 16	〃
38	詠歸亭	金光粹	조선조 선비	경북 의성	6. 13	〃
39	江昌閣	全文軾	고려 말 절신	전북 진안	7. 04	〃
40	萬景亭	尹師晳	조선조 선비	충북 청원	8. 22	〃
41	松谷祠	柳方澤	고려 말 절신	충남 서산	9. 19	〃
42	睡仙亭	宋眞儒	조선조 선비	전북 진안	10. 17	〃
43	望京樓	閔安富	고려 말 절신	경남 산청	11. 07	〃
44	魯岡齋	柳 藩	〃	경남 합천	12. 05	〃
45	龍浦齋	申 祐	〃	경북 의성	4327. 1. 09	〃
46	種善亭	琴應石	조선조 선비	경북 봉화	2. 06	제4권

차례	곳	사 람	어떤 이	고 을	날 짜	한가락
47	景德齋	姜淮仲	고려 말 절신	경기 고양	4327. 3. 06	제4권
48	歸來亭	申末舟	조선조 선비	전북 순창	4. 10	제5권
49	瑞雲齋	全五倫	고려 말 절신	강원 정선	5. 08	〃
50	枯松亭	金忠柱	조선조 선비	경기 시흥	6. 12	〃
51	景杜齋	金冲漢	고려 말 절신	전북 남원	7. 03	〃
52	居然亭	全時敍	조선조 선비	경남 함양	8. 21	〃
53	永慕齋	金士廉	고려 말 절신	충북 청원	9. 11	〃
54	德川齋	柳興龍	조선조 선비	충북 청원	10. 16	〃
55	尋源亭	鄭芝榮	〃	경남 함양	11. 06	〃
56	大承齋	崔 瀁	고려 말 절신	전북 완주	12. 04	〃
57	高德齋	李養中	〃	경기 광주	4328. 1. 15	〃
58	醉睡亭	金可行	〃	경남 거창	2. 05	〃
59	基洞書院	李 瓊	〃	경남 거창	3. 05	〃
60	建溪亭	章大莊	〃	경남 거창	4. 02	제6권
61	成仁堂	朴可權	〃	경북 성주	5. 07	〃
62	永慕齋	玄玉亮	〃	경북 예천	6. 04	〃
63	靖慕齋	金五行	〃	전북 고창	7. 02	〃
64	慕松齋	崔 淸	〃	경기 양주	8. 20	〃
65	五柳書社	朴 愈	〃	충남 예산	9. 17	〃
66	崇德齋	晉于蘭	〃	전북 남원	10. 01	〃
67	敬慕齋	李攀桂	〃	강원 횡성	11. 05	〃
68	三松齋	朴宜中	〃	전북 김제	12. 03	〃
69	漁隱齋	卜渭龍	고려 말 절신	충남 홍성	4329. 1. 07	제6권

차례	곳	사 람	어떤 이	고 을	날 짜	한가락
70	崇慕齋	殷莘尹	고려 말 절신	경기 용인	4329. 2. 04	제6권
71	繼敬齋	金世英	〃	전북 부안	3. 03	〃
72	孝思齋	裵尙志	〃	경북 안동	4. 07	제7권
73	時思齋	晉如蘭	〃	전북 남원	5. 05	〃
74	聚遠亭	全 淑	〃	충북 옥천	6. 02	〃
75	景義齋	沈元符	〃	경북 청송	7. 07	〃
76	駒城齋	李中仁	〃	경기 용인	8. 18	〃
77	桑村齋	金自粹	〃	경기 광주	9. 08	〃
78	慕先亭	朴 翊	〃	경남 밀양	10. 06	〃
79	淸襟亭	李 致	〃	경남 합천	11. 03	〃
80	景慕齋	田貴生	〃	충남 홍성	12. 01	〃
81	隨日齋	金 濟	〃	경북 상주	4330. 1. 05	〃
82	景慕齋	玉斯溫	〃	경남 의령	2. 02	〃
83	退隱亭	李 嶷	〃	경북 영주	3. 02	〃
84	舞雩亭	蔡貴河	〃	경북 상주	4. 06	제8권
85	龍湖齋	范世東	〃	광주 북구	5. 04	〃
86	墨井書院	申德隣	〃	충북 청원	6. 01	〃
87	永慕亭	林 卓	〃	전남 나주	7. 06	〃
88	岐谷亭	林蘭秀	〃	충남 연기	8. 17	〃
89	聽之亭	鄭 熙	〃	광주 서구	9. 07	〃
90	景忠齋	都 膺	〃	충남 예산	9. 28	〃
91	白松齋	安 俊	〃	경북 예천	11. 02	〃
92	崇義齋	白 莊	고려 말 절신	전북 장수	12. 07	제8권

차례	곳	사 람	어떤 이	고 을	날 짜	한가락
93	日新齋	盧俊恭	고려 말 절신	광주 북구	4331. 1. 04	제8권
94	扶陽齋	金居翼	〃	충남 부여	2. 01	〃
95	麗日齋	孔 僫	〃	전남 여수	3. 01	〃
96	風浴樓	成 溥	〃	전북 고창	4. 12	제9권
97	鶴陰齋	曺繼芳	〃	경남 창녕	5. 10	〃
98	永慕齋	程 廣	〃	광주 서구	6. 14	〃
99	常山齋	宋匡輔	〃	충북 진천	7. 05	〃
100	開雲齋	金先致	〃	경북 상주	8. 23	〃
101	齋洞書院	宋 侃	단종 충신	전남 고흥	9. 06	〃
102	懿德祠	車原頫	고려 말 절신	경기 평택	10. 11	〃
103	瞻慕齋	金九鼎	〃	경북 상주	11. 01	〃
104	直山齋	林 鷘	〃	경북 예천	12. 06	〃
105	松月祠	林先味	〃	전남 화순	4332. 1. 10	〃
106	松塢墓	金承露	〃	충남 연기	2. 07	〃
107	麗窩墓	徐 甄	〃	경기 의왕	3. 07	〃
108	道淵書院	許 麒	〃	경남 고성	4. 11	제10권
109	務安齋	兪 蔵	〃	경기 양주	5. 02	〃
110	崇義齋	張輔之	〃	경북 의성	6. 13	〃
111	月峴祠	朴 忱	〃	전남 영광	7. 04	〃
112	南谷齋	李釋之	〃	경기 용인	8. 22	〃
113	嵋南齋	趙 瑛	〃	전북 순창	9. 12	〃
114	謙川書院	趙 瑜	〃	전남 순천	10. 03	〃
115	華巖書院	白仁寛	고려 말 절신	대구 북구	11. 14	제10권

차례	곳	사 람	어떤 이	고 을	날 짜	한가락
116	享保齋	梁 祐	고려 말 절신	전북 남원	4332. 12. 05	제10권
117	淸溪書院	鄭天益	고려 충신	경남 진주	4333. 1. 09	〃
118	錦南齋	吳尙德	고려 말 절신	전북 남원	2. 13	〃
119	大興君墓	李連桂	〃	경북 의성	3. 05	〃
120	塹星壇	檀 君	개국 시조	인천 강화	4. 02	제11권
121	忠孝齋	李義碩	단종 충신	충북 청원	5. 07	〃
122	松軒墓	薛 馮	고려 말 절신	경기 용인	6. 04	〃
123	慕先齋	金允南	〃	경기 파주	7. 02	〃
124	白頭山	桓 雄	개천 상조	함경도	8. 04~06	〃
125	心源亭	全春源	조선조 선비	경남 거창	9. 03	〃
126	汾水齋	尹 瓘	고려 장군	경기 파주	10. 01	〃
127	山泉齋	李思敬	고려 말 절신	경북 김천	11. 05	〃
128	慕先齋	元 宣	〃	경기 의정부	12. 03	〃
129	斗山齋	許有全	고려 충신	인천 강화	4334. 1. 07	〃
130	忠慕齋	南乙珍	고려 말 절신	경기 양주	2. 04	〃
131	花園齋	石汝明	〃	충북 충주	3. 04	〃
132	石圃齋	金 路	〃	경기 여주	4. 01	제12권
133	松菴亭	朴門壽	〃	전북 남원	5. 06	〃
134	四可齋	李奎報	고려 선비	인천 강화	6. 03	〃
135	金笠墓	金炳淵	조선조 선비	강원 영월	7. 01	〃
136	南昌齋	孫孝貞	고려 말 절신	충남 논산	8. 05	〃
137	永慕齋	徐 閈	고려 선비	충남 예산	9. 02	〃
138	延華祠	李元發	고려 말 절신	경기 용인	10. 07	제12권

차례	곳	사 람	어떤 이	고 을	날 짜	한가락
139	履露齋	孫 策	고려 말 절신	전남 보성	4334. 11. 04	제12권
140	忠壯祠	南以興	조선조 장군	충남 당진	12. 02	〃
141	重先齋	宋 寅	고려 말 절신	전남 고흥	4335. 1. 06	〃
142	永思閣	羅繼從	〃	전남 나주	2. 03	〃
143	栗里祠	申 淇	〃	충남 서천	3. 03	〃
144	永思齋	李 棹	고려 개국공신	충남 연기	4. 07	제13권
145	時調碑	李義碩	단종 충신	충북 청원	5. 04	〃
146	鳳岡齋	尹莘達	고려 개국공신	경북 포항	5. 05	〃
147	春福齋	孫兢訓	〃	경남 밀양	6. 02	〃
148	太師祠	卜智謙	〃	충남 당진	7. 07	〃
149	歲一齋	韓 蘭	〃	충북 청원	8. 04	〃
150	德星堂	崔知夢	〃	전남 영암	9. 01	〃
151	武烈公墓	裵玄慶	〃	경북 칠곡	10. 06	〃
152	寒泉書院	全以甲 全義甲	〃	경북 달성	11. 03	〃
153	彌石齋	金宣弓	〃	경북 구미	12. 01	〃
154	敬思齋	柳車達	〃	광주 광산구	4336. 1. 06	〃
155	豊壤齋	趙 孟	〃	경기 남양주	2. 09	〃
156	太師墓	庾黔弼	〃	충남 부여	3. 02	〃
157	遠慕壇	朴英規	〃	충북 청주	4. 06	제14권
158	陵洞齋	權 幸	〃	경북 안동	5. 04	〃
159	松林齋	成思齊	고려 말 절신	경남 창녕	6. 01	〃
160	崇悳齋	金萱述	고려 개국공신	경북 구미	7. 06	제14권

차례	곳	사 람	어떤 이	고 을	날 짜	한가락
161	杜菴墓	全 賁	고려 말 충신	강원 정선	4336. 8. 03	제14권
162	城谷齋	張貞弼	고려 개국공신	경북 안동	9. 07	〃
163	追遠齋	邉安烈	고려 말 충신	경기 남양주	10. 05	〃
164	崇祖壇	李堅雄	고려 개국공신	충남 천안	11. 02	〃
165	台庄齋	金宣平	〃	경북 안동	12. 07	〃
166	敬收堂	李恩言	〃	경북 성주	4337. 1. 04	〃
167	慕隱壇	蘇格達	〃	경기 안성	2. 01	〃
168	慕麗壇	邉 肅	고려 말 절신	경기 포천	3. 07	〃
169	景慕祠	羅聰禮	고려 개국공신	전남 나주	4. 11	제15권
170	聚斯堂	金 佶	〃	전남 담양	5. 02	〃
171	篁山祠	崔必達	〃	강원 강릉	6. 06	〃
172	鶴山書院	朴允雄	〃	경남 울산	7. 04	〃
173	學士公墓	李 皐	고려 말 절신	경기 수원	8. 01	〃
174	戀主閣	康得龍	〃	경기 과천	9. 05	〃
175	壯景公壇	許宣文	고려 개국공신	경기 김포	10. 03	〃
176	鳳山祠	姜以式	고구려 장군	경남 진주	11. 07	〃
177	飮水齋	金方慶	고려 말 장군	경북 안동	12. 05	〃
178	仁興書院	秋 適	고려 말 선비	대구 달성	4338. 1. 09	〃
179	永慕堂	李湯休	고려 말 절신	전북 임실	2. 06	〃
180	湖隱墓	洪 演	단종 충신	경기 양주	3. 06	〃
181	景烈祠	鄭 地	고려 충신	광주 북구	4. 03	제16권
182	平章事公墓	朴元浤	〃	강원 인제	5. 01	〃
183	敬止齋	金 坵	고려 충신	전북 부안	6. 12	제16권

차례	곳	사 람	어떤 이	고 을	날 짜	한가락
184	龍安祠	李思之	고려 말 절신	경남 밀양	4338. 7. 03	제16권
185	陶隱齋	李崇仁	〃	경북 성주	8. 07	〃
186	龍岡祠	朴 諏	〃	경남 양산	9. 04	〃
187	崇義齋	李存仁	〃	경북 김천	10. 09	〃
188	望松齋	韓哲冲	〃	경남 합천	11. 20	〃
189	居平祠	魯 愼	〃	전남 나주	12. 04	〃
190	忠敬書院	廉致中	〃	전남 나주	4339. 1. 08	〃
191	書雲齋	金 綏	〃	경기 의왕	2. 05	〃
192	陶山齋	朴可興	〃	경기 남양주	3. 19	〃
193	永慕齋	池勇奇	고려 말 충신	충남 아산	4. 02	제17권
194	麥山齋	成仁輔	고려 충신	경남 창녕	5. 14	〃
195	玉溪書院	張安世	고려 말 절신	경북 구미	6. 03	〃
196	下松齋	金 起	〃	경북 구미	7. 02	〃
197	永慕齋	金七陽	〃	전남 강진	8. 06	〃
198	養眞堂	姜 蓍	〃	경북 안동	9. 03	〃
199	鳳停齋	申得淸	〃	경북 영덕	10. 01	〃
200	聖巖書院	柳 淑	고려 충신	충남 서산	11. 05	〃
201	明禋閣	柳惠孫	고려 말 절신	경기 고양	12. 10	〃
202	泮谷書院	鞠 檽	〃	전북 완주	4340. 1. 07	〃
203	忠義祠	申包翅	〃	전남 고흥	2. 04	〃
204	政丞公墓	任 珣	〃	충남 보령	3. 04	〃
205	忠簡公墓	尹 璜	〃	충남 당진	4. 01	제18권
206	鳴灘書院	李明誠	고려 말 절신	충남 공주	5. 13	제18권

차례	곳	사 람	어떤 이	고 을	날 짜	한가락
207	文憲書院	崔安澤	고려 말 절신	경기 오산	4340. 6. 03	第18권
208	浮海亭	盧仁正	〃	경남 고성	7. 01	〃
209	長沙齋	金臣寶	〃	전북 고창	8. 05	〃
210	洛東書院	禹玄寶	〃	대구 달서	9. 02	〃
211	逸老公墓	金揚南	〃	경기 연천	10. 07	〃
212	典書公墓	柳從惠	〃	경북 안동	11. 04	〃
213	平章事公壇	柳 池	〃	전북 완주	12. 02	〃
214	追遠齋	宋 桂	〃	전남 담양	4341. 1. 06	〃
215	肅文齋	柳 渾	〃	전북 완주	2. 03	〃
216	慕忠齋	吳 僖	〃	전북 익산	3. 09	〃
217	嚴毅公壇	朴述熙	고려 개국공신	경기 의정부	4. 06	第19권
218	謝臥齋	全 順	고려 말 절신	경북 고령	5. 04	〃
219	泮亭齋	田子壽	〃	경북 울진	6. 01	〃
220	典書公墓	崔 濆	〃	경기 양주	7. 06	〃
221	桂林齋	崔有江	〃	경기 양평	8. 03	〃
222	兩樂亭	崔七夕	〃	전북 임실	9. 07	〃
223	東山祠	崔安雨	〃	전남 나주	10. 05	〃
224	驪江公墓	尹忠輔	〃	경기 양평	11. 02	〃
225	景慕齋	金若時	〃	경기 광주	12. 07	〃
226	典書公壇	徐 輔	〃	충남 천안	4342. 1. 04	〃
227	霞山祠	魏 种	〃	전남 장흥	2. 01	〃
228	竹林齋	曺大運	고려 말 절신	전남 담양	3. 01	第19권

차례	곳	사 람	어떤 이	고 을	날 짜	한가락
229	德隱齋	趙仁璧	고려 말 절신	경기 파주	4342. 4. 05	제20권
230	景雲齋	張天永	〃	강원 동해	5. 03	〃
231	武陽書院	崔允德	〃	광주 광산	6. 07	〃
232	孤竹齋公壇	趙安卿	〃	경기 연천	7. 05	〃
233	牛山書院	金臺卿	〃	전남 무안	8. 02	〃
234	誠久祠	卞 贇	〃	경남 마산	9. 06	〃
235	五忠祠	宣允祉	〃	전남 보성	10. 10	〃
236	世德祠	卓光茂	〃	경북 안동	11. 08	〃
237	琴隱公墓	李陽昭	〃	경기 연천	12. 06	〃
238	敬慕齋	金 恂	고려 말 충신	경기 안양	4343. 1. 10	〃
239	賢慕齋	閔 愉	고려 말 절신	경기 김포	2. 07	〃
240	世德祠	孟希道	〃	충남 아산	3. 07	〃
241	永慕齋	金永煦	고려 말 충신	충북 청원	4. 11	제21권
242	上黨祠	郭 樞	고려 말 절신	충북 청주	5. 02	〃
243	都摠制公墓	朴德公	〃	경기 의정부	6. 13	〃
244	永慕齋	蔡玉澤	〃	전북 군산	7. 04	〃
245	永雲齋	宋 郊	고려 말 충신	전북 정읍	8. 08	〃
246	趙琴隱公墓	趙 悅	고려 말 절신	경남 함안	9. 05	〃
247	東岡公墓	李 隣	〃	강원 원주	10. 03	〃
248	松菴公墓	金 秩	〃	충남 아산	11. 07	〃
249	學堂齋	金成牧·金休	〃	충남 연기	12. 05	〃
250	李舍人公壇	李 蓨	〃	전북 익산	4344. 1. 09	〃
251	湘水齋	洪 智	〃	경기 양주	2. 06	〃
252	奉哥池	奉 佑	고려 충신	인천 강화	3. 06	제21권

차례	곳	사 람	어떤 이	고 을	날 짜	한가락
253	源仁齋	許 謙	인천이씨 시조	인천 연수구	4344. 4. 03	제22권
254	溫水君神壇	方 雲	온양방씨 시조	충남 아산	5. 01	〃
255	龍岡齋	尹 威	남원윤씨 시조	전남 구례	6. 12	〃
256	慕先祠	鄭普天	온양정씨 시조	충남 아산	7. 03	〃
257	始祖公壇	趙 岑	양주조씨 시조	서울 강북구	8. 21	〃
258	始祖公壇	李敦守	덕수이씨 시조	충남 아산	9. 04	〃
259	龍田齋	徐 稜	이천서씨 효자	전남 장성	10. 09	〃
260	東谷書院	趙 愼	고려 말 절신	충남 부여	11. 06	〃
261	渡東齋	蔣 壻	아산장씨 시조	충남 아산	12. 04	〃
262	判事公壇	李守仁	고려 말 절신	경기 평택	4345. 1. 08	〃
263	遠慕齋	全 信	〃	인천 강화	2. 05	〃
264	節制使公墓	李 沃	〃	경기 포천	3. 04	〃
265	海巖亭	沈東老	삼척심씨 시조	강원 동해	4345. 4. 01	제23권
266	慕賢齋	睦孝基	사천목씨 시조	서울 도봉구	5. 12	〃
267	梅山書院	文益漸	고려 말 절신	경기 여주	6. 16	〃
268	三莊齋	金子進	〃	전남 나주	7. 07	〃
269	思陽影堂	李公升	고려 충신	충북 진천	8. 11	〃
270	苾芬齋	邉 靜	고려 말 절신	전남 장성	9. 01	〃
271	典書公墓	朴元象	〃	대전 동구	10. 13	〃
272	慕先齋	崔原儒	고려 충신	충북 충주	11. 03	〃
273	追遠齋	田得雨	고려 말 절신	충남 부여	12. 01	〃
274	雙明齋	李仁老	고려 충신 문장가	경남 의령	4346. 1. 05	〃
275	西河公墓	林 椿	〃	인천 서구	2. 02	〃
276	楡川齋	崔文漢	고려 말 절신	강원 강릉	3. 09	제23권

차례	곳	사 람	어떤 이	고 을	날 짜	한가락
277	燕岐大捷碑	金 忻	고려 장군	세종 연서	4346. 4. 06	제24권
278	龍江書院	朴 犀	〃	경기 고양	5. 04	〃
279	惕若齋公壇	金九容	고려 충신	경기 포천	6. 08	〃
280	追遠齋	崔立之	〃	강원 강릉	7. 06	〃
281	省農公墓	全思安	고려 절신	인천 강화	8. 10	〃
282	鼎井齋	禹 倬	고려 충신	경북 안동	9. 07	〃
283	世德祠	趙 冲	고려 장군	강원 횡성	10. 05	〃
284	永慕齋	金得和	〃	경북 상주	11. 02	〃
285	文景齋	李存吾	고려 충신	서울 서초구	12. 07	〃
286	霜露齋	朴尙衷	〃	전남 나주	4347. 1. 04	〃
287	文懿公墓	朴 恒	〃	강원 춘천	2. 08	〃
288	慕省齋	柳公權	고려 충신	경기 포천	3. 08	〃
289	文學臺	李文挺	고려 절신	전북 전주	4347. 4. 06	제25권
290	孫乭公墓	孫 乭	고려 충신	경기 김포	5. 10	〃
291	執義公壇	禹洪得	〃	강원 영월	6. 14	〃
292	松山齋	鄭 矩	고려 절신	경기 의정부	6. 29	〃
293	判書公壇	禹洪命	고려 충신	대구 달서	8. 09	〃
294	大提學公壇	禹洪壽	〃	대전 유성	9. 13	〃
295	安子墓	安 珦	〃	경기 의왕	10. 11	〃
296	象山齋	徐 熙	고려 장군	경기 여주	11. 01	〃
297	益齋公壇	李齊賢	고려 충신	경기 용인	12. 06	〃
298	金就呂 將軍墓	金就呂	고려 장군	인천 강화	4348. 1. 10	〃
299	寒泉齋	尹 侅	고려 충신	경기 시흥	2. 14	〃
300	永慕齋	李碩才	고려 초신	충남 공주	3. 07	제25권

차례	곳	사 람	어떤 이	고 을	날 짜	한가락
301	景遠祠	李子蒝 三兄弟	고려 충신	세종 전의	4348. 4. 04	제26권
302	景芸祠	李彦冲	〃	경기 여주	5. 02	〃
303	龍巒齋	梁朱雲	〃	전북 남원	6. 13	〃
304	典農正公墓	李 雄	고려 절신	경북 안동	7. 11	〃
305	追遠齋	安文凱	고려 충신	경북 영주	8. 08	〃
306	遠慕齋	裵 矩	고려 절신	충북 영동	9. 05	〃
307	慕道齋	裵晉孫	〃	경북 성주	10. 10	〃
308	直提學公墓	裵尙度	〃	경기 파주	11. 07	〃
309	永慕庵	安永儒	고려 충신	경북 영주	12. 05	〃
310	典書公墓	裵尙恭	고려 절신	경북 안동	4349. 1. 09	〃
311	武烈祠	裵乙瑞	고려 절신	전남 나주	2. 13	제26권
312	學亭書院	洪 鵬	조선조 선비	전북 임실	4. 09	제27권
313	報遠齋	李達衷	고려 충신	경북 안동	5. 21	〃
314	文簡公墓	李 挺	〃	충북 진천	6. 18	〃
315	永思齋	朴元龍	고려 절신	충북 영동	7. 09	〃
316	判書公墓	朴長生	〃	충북 음성	8. 06	〃
317	追遠亭	李作臣	고려 충신	경남 합천	9. 03	〃
318	退庵祝祭	金居翼	고려 절신	충남 부여	9. 30	〃
319	義易堂	禹仲大	고려 충신	충북 단양	11. 12	〃
320	巖灘公墓	李養蒙	고려 절신	경기 광주	12. 03	〃
321	釣隱公墓	柳 珣	〃	경기 고양	4350. 1. 07	〃
322	易菴公壇	成士達	고려 충신	경기 양주	2. 04	〃
323	懿德祠	車安卿	고려 절신	경기 평택	3. 04	제27권
324	松泉書院	李貞幹	조선 선비	충북 청주	4. 08	제28권

차례	곳	사 람	어떤 이	고 을	날 짜	한가락
325	藥圃公墓	李海壽	조선 선비	경기 양주	4350. 5. 13	第28권
326	五山公墓	車天輅	〃	경기 과천	6. 10	〃
327	金山祠	金庾信	신라 장군	경기 화성	7. 15	〃
328	安谷書院	朴世勳	조선 선비	경기 화성	8. 19	〃
329	草堂公墓	許 曄	〃	경기 용인	9. 23	〃
330	都節制使公墓	李承幹	〃	경남 진주	10. 28	〃
331	於于堂墓	柳夢寅	〃	경기 가평	11. 25	〃
332	忠義齋	李愼儀	〃	경기 고양	12. 23	〃
333	樊巖公墓	蔡濟恭	〃	경기 용인	4351. 1. 27	〃
334	雪雲齋	徐 渻	〃	경기 포천	2. 10	〃
335	鷺江書院	朴泰輔	조선 선비	경기 의정부	3. 03	第28권

한가락모임 회원

차례	아 호	이 름	하는 일	한가락
1	벽고(碧臯)	장대열(張大烈)	중등학교 교사	제1권
2	여산(汝蒜)	이병진(李炳振)	회사 경영	〃
3	해봉(海峯)	홍종련(洪鐘連)	국회자문위원	〃
4	옥마(玉馬)	신광철(申光澈)	외국어교육진흥원장	〃
5	함주(咸州)	이재철(李在徹)	롯데건설 소장	〃
6	청잠(菁岑)	이기현(李基昡)	이향동근회 연구실장	〃
7	고룡(古龍)	맹치덕(孟致德)	중등학교 교사	〃
8	욕천(浴川)	최장호(崔章鎬)	건강보험심사평가원	〃
9	노산당(魯山堂)	전향아(全香阿)	한가락 총무	〃
10	웅천(熊川)	최정환(崔正煥)	중등학교 교사	〃
11	고천(孤川)	김종열(金種悅)	중등학교 교사	〃
12	귀원(龜原)	김한기(金漢基)	중등학교 교사	〃
13	두고(斗臯)	홍봉성(洪鳳性)	국방부 과장	제2권
14	계천당(桂川堂)	이화용(李華鏞)	초등학교 교사	〃
15	갑고(甲臯)	홍영표(洪永杓)	대학 교수	제3권
16	문원(文園)	김경미(金京美)	대학원생	〃
17	소정(蘇亭)	이정웅(李正雄)	중등학교 교사	〃
18	동원(東原)	조형증(趙亨增)	세동실업 근무	제4권
19	청운(青雲)	정성심(鄭成心)	중등학교 교사	〃
20	소운(昭云)	정연경(丁燃敬)	추사체연구회 이사	제5권
21	노봉(蘆峯)	유인수(柳仁秀)	중등학교 교사	〃

차례	아 호	이 름	하는 일	한가락
22	서봉(瑞峰)	조철식(趙徹植)	중등학교 교사	제6권
23	안일당(安一堂)	이원희(李元熙)	동천서숙 총무	〃
24	설전(雪荃)	임준신(任準臣)	설전화실 원장	〃
25	우인(又仁)	경우수(慶佑秀)	자영업	제7권
26	세화(世華)	정무진(丁武鎭)	중등학교 교사	〃
27	소곡(蘇谷)	김길웅(金吉雄)	중등학교 교사	제9권
28	석초(石艸)	홍오선(洪五善)	중등학교 교사	〃
29	청송(青松)	송화엽(宋和曄)		〃
30	매현(梅峴)	김낙원(金洛元)	서예학원 원장	제10권
31	심계(深溪)	이우원(李雨源)		제11권
32	예주(瀛州)	김영기(金榮基)	한의원 원장	제13권
33	가산(佳山)	임봉훈(任奉壎)	대한전기공업사 대표	제15권
34	서원(西原)	김용대(金容大)	서울진양주식회사 대표	제16권
35	현정(賢亭)	정현정(鄭賢禎)	서예가	제17권
36	삼우당(三又堂)	장선숙(張善淑)	서예가	〃
37	청담(青潭)	민영순(閔永順)	한국서가협회 초대작가	〃
38	해월(海月)	채현병(蔡賢秉)	초등학교 교사	제19권
39	시우(時雨)	이경희(李京姬)		제21권
40	오남(梧南)	이종관(李鍾寬)	변호사	제22권
41	서천(抒洊)	조경휘(趙京彙)	서예가	제27권

⋗한가락 모임 지은이⋖

최권흥 최장호 전향아 홍영표 이원희
임준신 경우수 임봉훈 이종관 조경휘

한가락 시조집 28

아버지여 어머니여

2018년 4월 20일 초판1쇄 인쇄
2018년 4월 29일 초판1쇄 발행

지은이 한가락 모임
펴낸이 김 영 환
펴낸곳 도서출판 다운샘

주소 05661 서울특별시 송파구 중대로27길 1(오금동)
전화 (02) 449-9172 팩스 (02) 431-4151
E-mail : dusbook@naver.com

등록 제1993-000028호

ISBN 978-89-5817-415-8 04810
ISBN 978-89-5817-245-1 (세트)

값 19,000원